知的な距離感

プライベートエリア・・・・魔法の効果

マジシャン 前田知洋 Maeda Tomohiro

かんき出版

まえがき

私たちは、相手に近すぎることでイライラしたり、遠すぎることでわかり合えないといったストレスを感じることが多くあります。正しい距離感を保てば、思っているよりもずっと仲良くなれ、お互いの協力関係がスムーズになります。

なんとなく居心地が悪く感じる場所がある、クライアントや上司などとの関係がしっくりこない、人と会うのが煩わしい、自分が正しく評価されていない気がする、自宅に戻るとグッタリと疲れてしまうなどの原因が、相手との距離にあることは少なくありません。ちょうど、フォーカスのあっていないカメラの映像に、多くの人がストレスを感じるように、人間関係にとって距離感は重要です。

自分にとっても、相手にとっても心地よい関係を「知的な距離感」と呼ぶことにしました。今まで、見過ごされてきた相手との物理的、精神的な距離感を意識してみるだけでも、さまざまな障害が消えてしまうことがあります。

マジシャンにとって、観客とどれくらいの距離感で接するかは、とても大切です。もし距離感を間違ってしまえば、マジックの秘密が知られてしまうだけでなく、観客に嫌われたりすることもあります。私自身、そんな失敗を数多く経験しました。

最初は、マジシャンと観客の心地のよい距離を見つけることからはじめました。正しい距離を見つけることができれば、秘密が悟られないだけでなく、同じマジックでも、数倍の評価をもらえることに気がつきました。たった一五センチの距離を調整するだけでもです。

相手との距離感を気にかけ、正しい距離で対峙すると、マジック以外でも嬉しい副作用があります。動きがエレガントに見え、相手への気遣いが伝わるようになります。そして、何よりも大切なのはエレガントなフリをしたり、相手を気遣うフリをする必要がなくなり、自然にそう振る舞えるようになります。

こうした距離感の取り方を「プライベートエリア」として、テレビ番組で紹介したり、海外でレクチャーしたりしたところ、マジシャン以外の方々から思わぬ反響をいただきました。

現代では、携帯電話やインターネットをはじめ、さまざまなコミュニケーションツールが発達した一方で、個人情報や気持ちをどこまで伝えたらよいのかに、私たちは頭を悩ませます。何も伝えなければ相手と親しくなれず、伝えすぎると不安になります。伝えること、伝えないことの差異は相手との距離に無関係ではありません。

それが、本書を上梓した理由です。本書では、マジックの話のみならず、歴史、建築、脳科学、行動心理学など、さまざまなことに触れています。そんなときは、可能な限り最新のもの、評価の高い資料をよりどころにしました。

読者の皆さんに私が経験したような素敵なマジックが起きることを願って。

ロンドンにて　　前田知洋

知的な距離感
目次

1
距離を縮める

4

「空気」を読む

5 見えない相手

ブックデザイン　重原隆
イラスト　千野エー

1

距離を縮める

マジシャンが観客に道具を調べさせる本当の理由

物理的な距離と精神的な距離

クロースアップ・マジックは、観客のすぐそばで見せるスタイルのマジックです。マジックはこんなふうにはじまります。

マジシャンが登場して、自己紹介や挨拶をします。そして、ポケットからトランプを取り出し、「これからトランプを使ってマジックをします。シカケがあるか調べてみますか?」とテーブルに座る観客に尋ねます。マジシャンは数人の観客にトランプを手渡し、しばらくして、調べた人々が納得がいけば、トランプを受け取ります。

このシーンは、ただ単に、マジシャンが「これから使うトランプにはシカケがないこと」を調べてもらっただけのように見えます。しかし、本当は、それ以外にも目的があります。

マジックがはじまるとき、観客とマジシャンの関係は、はじめてデートをするシャイな二人に似ています。ほとんどの観客が、「マジシャン」という普段接することのない人物と相対して、距離感を探っている状態です。しかし、何気なくマジシャンが差し出したトランプを調べるという行為により、マジシャンと観客は、手を伸ばし合えば届く距離になります。マジシャンはトランプを観客に触らせることによって、ごく自然に観客とマジシャンの間の距離を縮めたことになります。

物理的な距離の接近により、精神的な距離が縮まる。これが、クロースアップ・マジックというエンターテインメントの成功の鍵の一つです。

大きな国の近い距離

これはなにも、クロースアップ・マジックに限ったことではありません。たとえば、アメリカにおいてのコミュニケーションは、日本よりも、ずっと近い距離で行われることがあります。旅行の経験か、映画や海外ドラマなどでもご存じのように、知人どうしが出会うと、頻繁に握手をします。もっと親しければ同性、異性を問わず抱擁をして、左右の頬に一回ずつキスをしたりもします。もっとも、ここ数年は公衆衛生上の理由から、唇で音を鳴らすだけの人も増えてきました。また、メールなどの通信手段の発達により、初対面でいきなりハグするというのも、めずらしいことではなくなりました。

アメリカでは土地も広く、住宅も道路もずっと大きいので、人と人の距離は大きくなるように思いますが、実際はその逆です。握手や抱擁ではじまる、近い距離でのコミュニケーションが、異文化や人種を内包するアメリカ特有のトラブル防止にひと役かっています。距離を近くとるという行為が、バックグラウンドが違う人間どうしの連帯感を生むことに作用するからです。「親しいから距離が近い」のと同様に、「距離が近ければ親しい」という感覚を生み出します。

狭い空間と感情

「距離が近ければ親しい」という感覚は、人口が密集した都市でのトラブルを抑制す

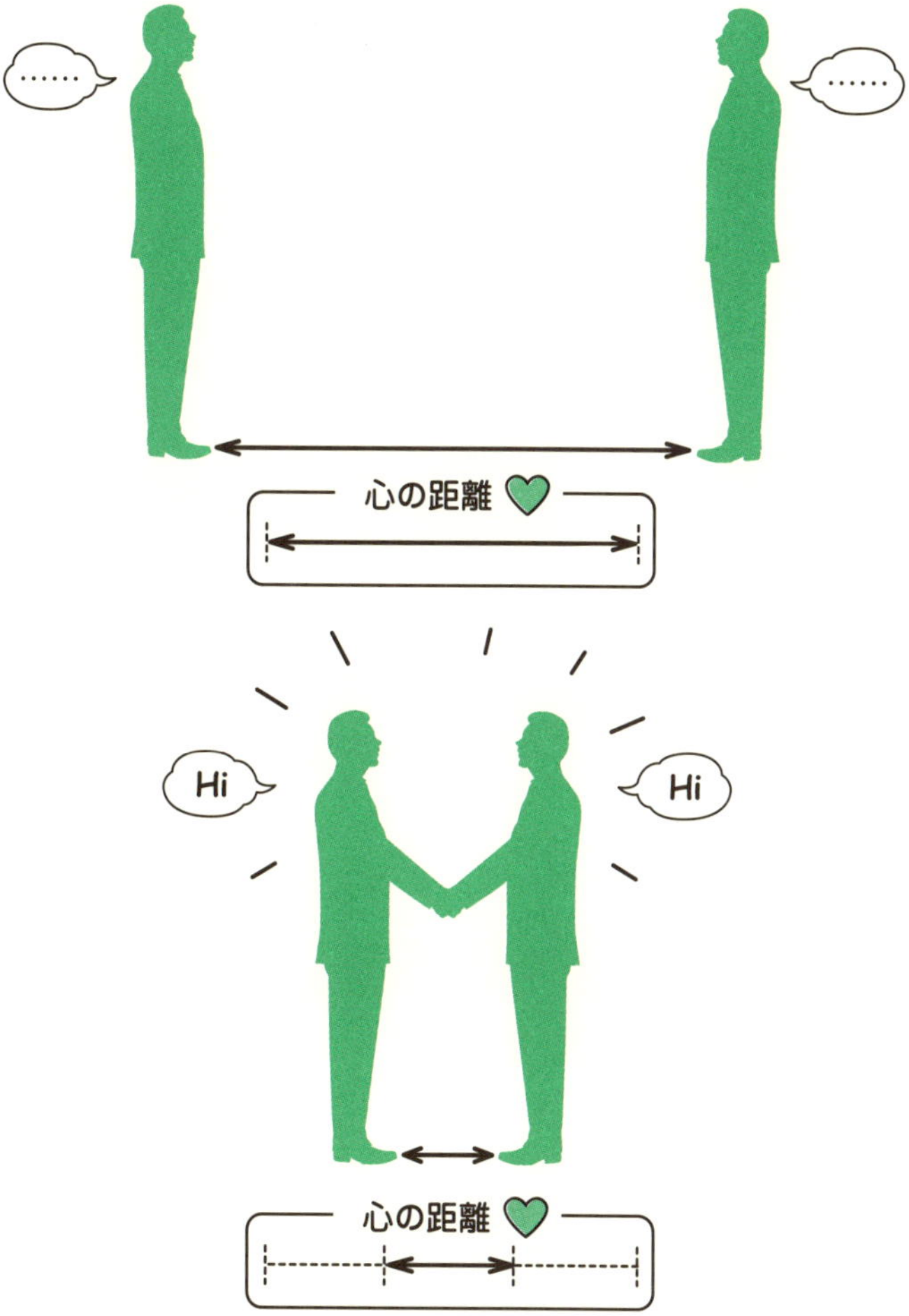
……
……
心の距離
Hi
Hi
心の距離

る効果があります。世界中の都市のライフスタイルは、あまり変わりません。通勤時の電車やバスは混雑して、スターバックスでコーヒーを買うにも、銀行や病院でさえも、列を作らされたり、待たされたりします。狭い空間で他人と過ごし、トラブルも起こさず、ストレスを緩和する簡単な解決策は、「距離が近いから親しい」という錯覚です。

この錯覚の極端な例が、一九七三年にストックホルムで起きた銀行強盗事件です。人質になった被害者が、犯人に対して過度の同情や恋愛感情をいだきました。被害者が、事件後に犯人をかばったり、犯人グループの一人と結婚するなど、奇妙な人の心理が浮き彫りにされました。のちに、事件から名付けられた「ストックホルム症候群」という精神医学用語は、閉鎖された空間を共有し、ストレスにさらされると、相手に特別な依存感情が生まれることを示しています。

環境が変えるもの

一九八八年にアメリカに留学したとき、メキシコ、スペイン、ドイツ、中国など、クラスメートにはさまざまな文化圏の学生がいました。当然、文化の違いからお互いのゼスチャー、距離感はいろいろです。

はじめのうちは情熱的なラテン系の友人たちは人懐っこく、中国人や日本人は手足をあまり動かさずクールにコミュニケーションをとっていました。けれども、学期が終わるころには、ほとんどの学生はアメリカ文化圏特有の距離感を自然と持つようになりました。

人間は、自分の置かれた環境に行動や感情を合わせようとします。新しい環境、それがはじめて見るマジックだったり、海外の文化だったり、閉鎖された空間であってもです。感情が行動に影響するのと同じように、習慣や行動が感情に影響をおよぼします。

誰かに、親しく感じてもらったり、好きになってもらうのは、簡単なことではありません。しかし、その一歩は「親しくなる距離」を作ることからはじまります。自分から相手に近づくのではなく、相手から近づいてもらうことです。それも、手を伸ばせば届く距離であれば、いうことはありません。

あなたを包む
オーラのような
見えないバリア

他人に侵入されたくない空間

　世の中のすべての仕事と同じように、私もマジシャンとしてさまざまな人たちと出会ってきました。演技者と観客という関係もありますし、打ち合わせや一緒に何かを作り上げることもあります。時には、大きなチャンスもあれば、窮地に陥ること、その二つに同時に遭遇することもあります。

　そんなときにいつも思い出すのは、子供のころに少しだけ習った武道の「間合い」や、何気なく手に取った、建築、演劇論、行動心理学の研究などに登場する「人と人との距離」でした。時には、絵画の中の人物の距離感でさえも参考になりました。

　この本で説明するプライベートエリアという言葉は、「プライベート（私的な）」という単語と、「エリア（空間）」という単語の組み合わせです。心理学や行動学では「パーソナルスペース」と呼ばれることもあります。簡単に説明すると「他人に侵入されると不快に思う空間」です。

しかし、これは土地や住宅の話ではありません。いま本を読んでいる、あなたの周囲をオーラのように包んでいる、見えないバリアのようなもの、と説明すると想像しやすいかもしれません。

誰か知らない人が、あなたに近づいてきます。どんどん近づき、目の前まで来たとき、あなたは不安感や嫌悪感を覚えます。それは、相手があなたのプライベートエリアに侵入したからです。

大きくなったり、小さくなったり

とても興味深いことに、このプライベートエリアは時と場合によって大きくなったり、小さくなったりします。たとえば、広い公園のベンチに座ってこの本を読んでいる人なら、いきなり、すぐ隣に知らない人に座られたら不審に感じるでしょう。しかし、混んだ電車のシートでこの本を読んでいる人なら、知らない人がすぐ隣に座ったとしても、それほど注意深くはなりません。

さらに複雑なことに、プライベートエリアはユニークな形をしています。たとえば、バス停などに立っているシーンを想像してみてください。他人が自分の正面、すぐ目の前に三〇センチの距離で、お互いに顔と顔が向かい合わせで立ったとします。誰しもが後ずさりしたくなるはずです。しかし、あなたと肩を並べるように横側に三〇センチの距離で立たれたとしても、あまり不快には感じません。

つまり、人間は基本的に、顔のある正面のプライベートエリアは大きく、側面は狭く、背中側はやや狭くなります。顔や腹など、プライベートエリアが大きい部位は他人によく侵入されやすいので敏感に感じやすく、肘や足先など、エリアが小さい部位は侵入されることが少なくなるので、あまり不安を感じません。

読者の中には、先ほどの想像のシーンで「知らない人」に同性を想像した方もいれば、異性を想像した人もいると思います。相手が同性か異性かでもプライベートエリアのサイズと形は変化します。

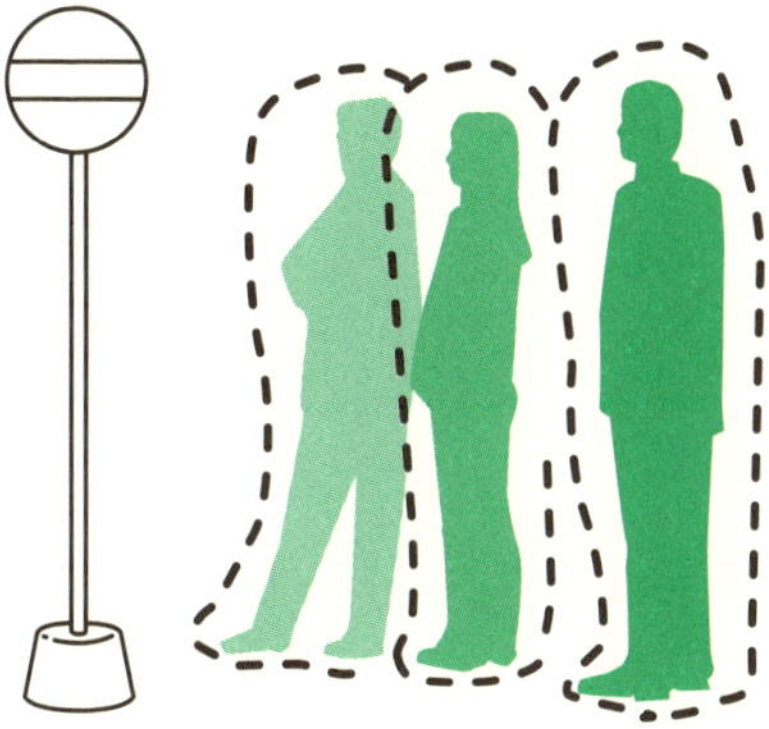

プライベートエリアには個人差がある

プライベートエリアが広い人の中には、混雑した電車の中やエレベーターに乗ることにストレスを感じる人もいます。乗車中に本や新聞などの活字を読んだり、携帯電話のメールを操作したり、iPodなどの音楽に集中してしまうのは、そんなストレスの回避行動といえなくもありません。「人ごみが苦手で、帰宅すると疲れきってしまう」という人は、プライベートエリアが広い人です。

逆に、プライベートエリアが狭い人は、コミュニケーションをとる相手が、常に自分のプライベートエリアの外にいるため不安を感じがちになります。話の内容が相手に伝わっているかが心配になり、つい言い回しがクドくなったり、何度も同じことを確認したりすることがあります。

相手のプライベートエリアと自分のプライベートエリアのサイズが違うと、どちらか、もしくはお互いがストレスを感じます。両者のプライベートエリアのサイズが一致すれば理想なのですが、なかなかうまくはいきません。

ストレスと洗練された動き

普段、なんとなく自覚している自分の周囲にある私的な空間、そのプライベートエリアを意識してコントロールすると、他人と付き合うことによるストレスが少なくなります。また相手にとっても心地よい動きや振る舞いができるようになります。それは、正しく制御された信号機が、密集した車の交通をコントロールして事故を減らし、スムーズな車の流れに役に立つのと同じです。

洗練された動きや距離感で、人を魅了する素敵な人がいます。逆に、権威のある立場にいても、どんなにお金を持っていても、距離感をうまくとれずに他人に誤解されやすい人もいます。

人間関係の基本は、本心からお互いに相手を認めることです。互いのプライベートエリアを尊重することでよりよい人間関係がはじまります。「あなたを認めていますよ」と口にするよりも、自分のプライベートを尊重し、他人のプライベートエリアを認めることで伝わることがあるはずです。

「マジックをご覧になりますか？」「けっこうです」

話しかけづらい雰囲気

恋人や親しい友人、家族とレストランなどのパブリックな場所で食事や会話をするとき、私たちは見えないバリアを作ります。誰であっても、大切な人たちとの会話をほかの下らない話で邪魔をされたくはありません。

こうした場面では、テーブルに座る人どうしのプライベートエリアが折り重なって、透明な壁が出現します。いわゆる「話しかけづらい雰囲気」です。一度でき上がってしまった、親密な者どうしのプライベートエリアに新たに割り込むのは簡単ではありません。

日本でクロースアップ・マジックというスタイルが、まだ浸透していなかったころ

1 距離を縮める

に、レストランでマジックを見せていたことがあります。このときに一番難しく感じたのは、マジックそのものではなく、お客様に心を開いてもらうことでした。

「食事をする席でマジック？」

という戸惑いが多く、お客様はなかなかリラックスしてくれません。また、女性はマジックに興味津々なのに、男性は親密な時間を楽しみたいというカップルが、マジックを見るか見ないかで険悪なムードになってしまうこともありました。

親しい人どうしでテーブルを囲むことで生まれたプライベートエリアに他人が割り込むことは至難の業です。注文をとるサービスさえも邪魔に感じることがあるかもしれません。一人のときのプライベートエリアは自分の身を守るための空間ですが、二人以上では相手のことを守る気持ちが働き、親密な者どうしのプライベートエリアは、より強固なものになります。

このマジシャンはアヤシイ人ではない

そんな壁を巡らせたテーブルにマジシャンとして声をかけ、なおかつリラックスしてもらうためにはどうしたらよいのか悩みました。

クロースアップ・マジックはまだ一九八〇年代の日本では浸透しておらず、お客様はどんな態度でマジックを見ていたらいいのかもわかりませんでした。未経験、未知のものに人が不安をいだくのは自然な感覚です。

たとえば、レストランでテーブルに近づき「マジックをご覧になりますか?」と尋ねても、ほとんどの人が「けっこうです」と答えました。せっかくマジックを練習しても、誰にも見てもらえなければ、マジシャンはいつまでも仕事ができないままです。

いろいろな試行錯誤をしました。ホテルのスタッフが着けているような「マジシャン」と刻印されたバッチを作ってもらい、胸に着けたり、テーブルに印刷されたインフォメーションを置いてみたり、衣装をシックなものに替えたりもしてみました。しかし、どれも効果は今ひとつでした。

ところが、うまく最初のお客様を見つけることに成功すると、「このテーブルでも見たい」という声がかかることに気がつきました。人々は、ほかのお客様を通じて、マジシャンが何分くらいマジックをするのか、どんな道具を使うのか、それがどれくらい楽しいのかを、自分では経験せずに観察することができるのです。「クロースアップ・マジックを楽しむ観客の様子をほかのテーブルの人に見せる」という方法は、最も効果的だったのです。

ただし、この方法は問題がないわけでもありません。その日の一番最初のテーブルが見つからないことには、意味がないからです。その日の一番最初のお客様に、「マジックが見たい」と思わせるために、まず「このマジシャンはアヤシイ人ではない」と知ってもらわなければなりません。

マジックより先に見せるもの

そのために、マネージャーやスタッフと信頼関係を築くことからはじめました。マネージャーやスタッフが信頼している相手とわかると、飲み物などのかわりにトランプを手に持ったマジシャンに対する人々の不信感は薄れていきます。マジシャンとスタッフが何気なく交わす会話のときの距離感を見て、人々は信用度を測ります。「見る」というのが重要です。マネージャーやスタッフとの会話を聞かせる必要はありません。お互いに信頼しているという距離感や表情を見れば、それだけでもレストランの顧客、すなわちマジシャンの観客は安心します。

「私はレストランで信頼されている」とか「たくさんのお客様にご愛顧いただいています」といくら自分で言葉を重ねても、人はあまり信用しません。行動学者が「隠すよりも現れる」と表現した、言葉ではないボディ・ランゲージを人は信用します。

このケースはクロースアップ・マジシャンと観客の距離感ですが、誰かの距離感をほかの人が見ることによって、擬似的に人間関係を経験するのは、マジック以外でもたくさんあります。たとえば、子供を育てたことのない人が、子供への接し方をなんとなく知っていたり、誰と誰が仲が良いのかをパーティなどで感覚的に理解することと同じです。

休日にウインドウ・ショッピングをしていて、オープンしたばかりの新しいショップに入ったとします。いくら魅力的な商品が置かれていても、それだけではそのショップの印象は決まりません。接客中のスタッフの言動を見て、そのショップが好きになったり、嫌いになったりすることがあります。自分が嫌な接客を受けたわけでもないのに気分を害したり、素晴らしい接客ぶりを見て嬉しくなったりするのは、日常的なことです。

ボディ・ランゲージはウソが含まれにくい

プライベートエリアの使い方を含め、ボディ・ランゲージが優れているのは、専門的な知識がなくても第三者どうしの人間関係がわかることです。ためしにカフェなどに行き、さりげなく周囲のテーブルを観察してみてください。

お互いにコッソリと話すように上体を寄せ合ってる人々、真っすぐ正面で向き合う人、イスの背もたれに肘をかけて後ろに反り返るように会話する人などさまざまです。会話の内容が聞こえなくても、信頼関係があるのか、どちらが優位なのかが、対人空間などでなんとなく推測できます。言葉とは違い意図的にコントロールされず、ウソが含まれる可能性は格段に少ないのです。

こうしたことを人は経験的に知っています。だからこそ、初対面の人と会ったときのガイドとして、その人が他人に対してどんな態度、どんな距離感で接するのかに注意深くなったり、潜在的に感じ取ったりします。

残念ながら、「信頼のおける人間と周囲に思わせる即効性のあるテクニック」は存在しません。しかし、確実な方法はあります。もし、初対面の人に少しでも信頼されたいのであれば、普段から身の回りの人と信頼関係を築くことです。そうすることにより、周囲の人との信頼関係の距離感を会う人ごとに見せることができます。もし、あなたのまわりに誰もいなかったとしても、信頼関係の距離感を身体が覚えていることを忘れないでください。

「トランプを触ってみますか？」

シカケのあるカードを差し出す

ある情報番組のトークコーナーに出演したときのことです。「トランプを触ってみますか？」と尋ねると、司会の峰竜太さんが「マジシャンがそういうときは、トランプにシカケがないんだよね」と指摘しました。

マジックをさまざまな人に見せていると、ときどき、こういった頭の回転の速い人に出会います。たしかに、「マジシャンが道具を調べさせるということは、それ以外にシカケがある」というのは、きわめて合理的な考えです。

ときどき、マジシャンは、それを逆手にとって、あえてシカケのある道具を観客に差し出したりすることもあります。無理に隠そうとして疑念を抱かれるよりは、観客が丹念に調べないという前提で、シカケのあるカードを観客のすぐ目の前に置くことで観客との信頼関係を築こうとするのです。

信頼関係とは何か

ところで「信頼関係にある」とはどういうことでしょう。たとえば、医師の診察や治療を受けるとき、ほとんどの場合、私たちは医師の指示に従います。「服を脱いでください」など、普通では従うことができない指示でも、相手が医師なら逆らうことはないでしょう。

たまに「医者は嫌いだ」と公言する人もいますが、その真意は診察や治療されることを好まないだけだったりします。多くの人が、好んで診察を受けないことを考えれば、当たり前です。いずれにしても、診察室では患者と医者は「一時的」であれ「恒久的」であれ、信頼関係を築くことになります。

通常は診察を受けるとき、医師と患者は、身体のパーツを預けられる距離を保ちます。もし、腕の調子が悪ければ、腕を医師の目の前に差し出せる距離、歯の調子が悪ければ、医師が口の中をのぞける距離です。

しかし、注意して観察すれば、医師と患者の距離が意外に遠いことに気がつくはずです。たとえば、歯科医は診察台に仰向けになった患者に対して横に位置して治療することがほとんどです。医師の手や顔は患部に近くても、身体は離れています。

一般的に使われる「身体を預ける」という表現が、何か親しい、特別な関係をイメージさせることは否定できませんが、そのほとんどは誤解といっていいでしょう。相手に預けるのが身体の一部であっても、全部であってもです。美容室、マッサージ、スポーツやダンスのレッスンなど、特別な関係にない他人に身体の一部を預けることはよくあります。

信頼関係のシンボル「握手」

それでもなお、相手に身体の一部や全部を預ける行為が、端からは信頼を意味しているように見えるのも事実です。たとえば、昔から信頼関係のシンボルは「握手」で表されます。

握手は利き腕を相手に預け、敵意がないことを示したことがはじまりといわれています。アメリカなどでは握手が挨拶の意味を兼ねているので、一概にはいえないのかもしれません。それでも、国家間の外交上の同意が、元首たちの握手の写真に象徴されるのはよくあることです。

身体の一部を差し出すことで信頼関係があるかのように見える理由を、子供の感覚の発達に関連づける接触学《タセシックス》者もいます。乳児は、触ること、触られること、口に入れることなどの皮膚感覚でコミュニケーションをとります。多くの場合、知ることは対象に触ることではじまります。しかし幼児がなんでも口に入れようとすれば、親は禁止します。さらに、学校に入れば「ベタベタしてはいけない」という言葉に代表されるように、他者に触れることがよくないこととして習慣づけられるようになります。その傾向は、とくに異性に対しては顕著です。

大人になっても、そのルールはあまり変わりません。しかし、どんなに社会や文化が他者の身体に触ることをタブーにしたとしても、「知るために触りたい」という欲求は存在しています。現代人が、犬や猫などのペットの毛並みに触れ、コミュニケーションをとることでストレスが解消されたり、精神的な安らぎを覚えるのは、あらためて説明するまでもないでしょう。

だからこそ、現代では、様式化され、記号化された接触（握手や肩に手を置くこと、腕を抱くことなど）を特別なものと考えるようになったのでしょう。つまり、相手が特別だからこそ、特別な行動をとるというわけです。

もちろん、握手のように習慣化されると特別感は薄れますが、親しそう、信頼関係がありそうというイメージは残ることになります。

変化するプライベートエリア

日本のように、身体に触れる習慣の少ない文化では、信頼関係が生まれるとお互いのプライベートエリアに変化が起こります。相手への警戒感が薄れることにより、一定の距離をキープする行動から、近い遠いの振幅が大きくなります。また、相手のプライベートエリアへ身体の一部（手や腕、頭など）の侵入を許すことが多くなり、その侵入時間が長くなります。具体的には、相手の私物を持つのを手伝う、時間を聞かれたときに自分の腕時計の文字盤を直接相手に見せる、相手の飲み物をテーブルに置かずに直接手渡しする、相手の机に手や肘をつくなど、いろいろです。

いずれにしても、手や腕などを互いのプライベートエリアに差し出したり、差し出されたりすることに、躊躇《ちゅうちょ》しなくなります。それを見る第三者は、日常の行動から二人がどれくらい親しいのか、信頼関係があるのかを推測しようとします。

ボディ・ランゲージは、言葉と違い意識的に訓練されることはほとんどありません。そのことが、行動によってウソがバレてしまう理由の一つです。言葉を選ぶことに心を砕く人はいますが、自分の些細な振る舞いに同様の気を配る人は少ししかいません。このため口で言いつくろっても、行動によってウソがバレてしまったり、誤解を生んでしまうこともあります。しかし、自分の行動が第三者にどんな情報を伝えているのかがわかれば、誤解は少なくなります。

ただし、誰かに信用されている振る舞いをするのならば、まず最初に、その相手と実際に信頼関係を築くことです。そして、相手に誠実であることが何よりも大切であるのを忘れないでください。

〝不器用〟は親密さを増すスパイス

好きになってもらう

マジシャンの仕事は、トリックの秘密がバレないことだけではありません。多くのエンターティナーが望む第一の目的は、観客に好きになってもらうことです。

しかし、どの世界においても「好きになってもらう」のは、簡単なことではありません。ですから、私の場合は、まずはハードルを少し下げて、「嫌われない」ようにするということから、スタートさせることにしています。

たとえば、もしマジシャンが突然、考えもなしに観客のプライベートエリアに侵入したり、ふさわしくないセリフで観客を不快にしてしまえば、見ている人たちの心のシャッターは閉じてしまいます。そして、残念ながら「好きになってもらう」という目標を達成することは困難になります。

まず観客に礼儀正しく挨拶をして、相手のプライベートエリアに侵入しないようにしたり、無礼な発言に気をつけます。次には、何をしたらいいでしょうか。失敗せずに、完璧なマジックを見せることでしょうか。私は、そうではないと思っています。

「不完全さ」で距離を縮める

脳科学者の茂木健一郎さんにマジックを見せるときに、最初にトランプのパッケージがうまく開封できないフリをしたことがありました。茂木さんは頭のよい人の代表みたいな人ですから、トリックの構造を解析されては困るからです。

マジックが終わったあとに、不思議さを強調するために、「うまく開封できない演技」のことを説明すると、茂木さんに「悪い人だなぁ〜」と叱られましたが、騙されたことがとても嬉しそうでした。

そのときに茂木さんがいった「不思議という純粋なものに、不器用さといったノイズをまぜることによって、さらに不思議という成分を強くさせる」という分析は、自分がやっているマジックが、何かスゴイ科学的な感じがするので、茂木さんの嬉しそうな笑顔と合わせて、ときどき思い出しています。

少しだけ塩を入れる

茂木さんの言葉を補足させてもらえば、化学の世界には「触媒《しょくばい》」というものがあります。化学反応などが起きるとき、ごく微量にその他の物質に触れさせると、反応の速度が大きく増したりします。その物質を触媒といいます。有名な触媒は、プラチナに水素がぶつかると発火するという現象で、昔はカイロなどにその原理が使われていました。化学者の人には怒られるかもしれませんが、「小豆からあんこを作るときに、塩を少しだけ入れると甘みが増す」ようなことをイメージしてもらえるとわかりやすいかもしれません。

話を元に戻すと、茂木さんに見せたときのマジックの主成分は「不思議さ」です。それに「不器用さ」や「不完全さ」という「人間らしさ」を触媒としてマジックを楽しんでもらうために、トランプのパッケージが開けられないフリをしたわけです。茂木さんには、トリックの構造ではなく、ショーを楽しんでほしいというメッセージとして、そんなことをしました。

不完全なプライベートエリア

自分を守るという意味においては、プライベートエリアは人間の不完全さから生まれました。もし、誰しもが完全無欠であるなら、やってきた敵を次々となぎ払い、プライベートエリアなどを持つ必要もありません。しかし、実際には他人から身を守る必要があり、そのために相手との距離も必要です。

しかし、相手との距離がとれないとストレスを感じていろいろな行動をとります。たとえば、人と話す場合に「腕組み」のポーズをとって、なんとなく自分を防衛したりします。それでも、いつも腕組みばかりだと、相手から「あいつは、毎回、納得がいかないらしい……」などと誤解されたりします。防衛ばかりだとうまくはいかないのです。

自分の強さも弱さも効率よく使うことが大切で、それを無理に隠そうとする必要はないと思っています。人間にもプライベートエリアにも、弱い部分と強い部分があります。プライベートエリアが、前方に広く、横や後ろには狭いのは、人間の完全性を補完するためではありません。時には、弱い部分を弱く見せることで周囲は安心して心を開くこともあります。

プライベートエリアに侵入されたくなければ襟を正し、より近くなりたければ襟を多少緩めてみる。その結果お互いが近づいたり離れたりすることもあります。ただし、緩めすぎにはご用心を。

マジックは、本が読めない暗さで

暗いと距離が近くなる

マジックをするときには、必ず照明のチェックをします。なにも、照明が明るいとトリックがバレてしまうというわけではありません。これは、マジシャンが照らされるライトの話ではなく、観客席の照明のことです。

観客席の理想的な明るさは「本が読めないくらいの暗さ」です。これは、マジックだけに限らず、クラブやホテルのバンケットなどで行われるエンターテインメント全般に共通することです。

その理由の一つは、ホテルのバンケットなどでは、劇場とは違い、カクテルなどを楽しみながらショーを観ます。ですから、真っ暗だと、ウエイターのサービスも難しくなりますし、観客がテーブルの上のグラスを倒してしまうなどの危険があります。もう一つ重要なのは、照明の明るさは、人のプライベートエリアと密接な関係があることです。

こんな経験をしたことはないでしょうか。劇場で席についたとき、隣に座る人の様子が、開演までの間、ずっと気にかかる。相手の着ている服や、荷物が気になったり、逆に、相手の気に触らぬように神経質になったりする。しかし、観客席が暗くなり上演がはじまると、そんな隣に座った人の存在さえも、すっかり忘れてしまう。

劇場内が明るいときは、隣の席に座る人を近く感じ、暗くなると遠く感じる。なぜそんな感覚が起きるのでしょうか。

クラブやバーで親密さが増す理由

照明が落とされている場所では、プライベートエリアは縮小し、相手を遠く感じるようになります。人は程よく暗い場所ではリラックスし、暗い場所ではものを見るために対象に目を近づける必要があるからです。

たとえば、キャンドルが灯された、クラブやバーでメニューなどを見るときや、仲間と会話をするとき、太陽の光が差しているカフェやレストランのときよりも、お互いの距離が近くなっているはずです。人間はコミュニケーションをとるとき、多くの情報を視覚に頼ります。相手の目の動きや表情を見ることで、相手が発した言葉の意味を補完するのです。暗さの中、近づくことによって声も小さくなり、その言葉を聞くためにますます距離が縮まります。

クラブなどでは、照明が暗いうえに、音楽の音量が大きく、会話をするにしても相手の耳に口を近づける必要があります。こうした環境が、さらにプライベートエリアを縮小させます。

このため、バーのカウンターのスツールの間隔は、ランチをとるレストランのイスの間隔よりも遥かに狭くなっています。ただし、ほとんどの場合、バーのスツールには背もたれがありませんし、あっても座面が回転式になっています。これは、狭い場所でプライベートエリアを維持するためにとても便利な機能です。プライベートエリアは、顔や胸の正面の方向に広く、横には狭い特性があります。すぐ隣にコミュニケーションを遮断したい相手が座っても物理的な距離を変えずに、身体の向きを少しだけ回転させるだけですむからです。

クラブやバーに誘うことで親密さが増したり、そう感じるのは、こういった理由からです。これは、ニワトリと卵の関係に似ています。親しいからプラベートエリアを接近させるのか、プライベートエリアへの侵入を許せるから親しいと感じるのか……。おそらく、その両方といえるだけの根拠は揃っています。

お酒などのアルコールが、お互いをリラックスさせ親密さを増すことは、多くの人が認知しています。しかし、アルコールを取り巻く環境、照明や音楽が、親密さに関わるプライベートエリアに直接的に作用していることは、あまり知られていません。

明るい舞台、暗い客席

劇場や美術館のように、観客席は暗く、舞台の上の人や物、絵画などに照明が当たっている場合では、人はその対象が近くにあるように感じます。大きな劇場で、自分の座っている席が後ろのほうであっても、俳優のエネルギッシュな演技や巨匠の繊細

なタッチを、さも目の前で見たように鮮明に記憶していることがあります。

こうした、人間の視覚と距離感の関係を古くから知っていた劇場関係者は、舞台を明るくし、客席数を増やそうと努力してきました。舞台の照明は、キャンドルからオイルのランプへ、アセチレンガスに変わり、電球に変わりました。電球も技術の進歩と共に、どんどん明るくなり続けています。

現代ならば「舞台を近く見せるために、上演中の観客席の暗さは五〇ルクス（ルクスlxは明るさの国際単位）とするべし」と定めるべきなのかもしれません。しかし、芸術やショービジネスの世界においては「本の読めない暗さ」という一見曖昧な基準が、昔から今日まで使われています。これは、演じる対象である観客の感性や感覚が、相対的でフレキシブルなものだからにほかなりません。

2

距離を探る

カジュアル・フライデーに違和感がある理由

マジシャンと燕尾服

マジシャンにとって、服はとても大切です。それはジャケットに秘密のポケットがあるからではありません。どんなスタイルのコスチュームに身を包むかによって観客の印象が大きく変わるからです。

マジックというと、黒い燕尾服《えんびふく》を思い浮かべる人もいるかもしれません。これは、いまから二〇〇年ほど前、フランスのマジシャン、ロベール・ウーダンが当時の社交服であった黒い燕尾服をステージ上で着用したのがはじまりです。それ以前のマジシャンは物語の中の魔法使いのように、尖った帽子にローブを着ていました。マジシャンをはじめとするエンターティナーは、どんな色とテキスタイル、形のコスチュームを選べば、見ている人に、どんな印象を与えるかを常に重要に考えてきました。

もちろん、服装にこだわるのは、なにもショービジネスの世界に限りません。ほとんどの人が服装の重要性を認識しています。

着慣れた服は、第二の肌のように取り扱われます。着ている本人にとっても、それを見る他人にとっても、本人の一部のように印象づけます。心の中に、知り合いの誰かを思い浮かべてみてください。そのイメージは、ほとんどの場合、服を着ているはずです。仕事上での知人なら、きっとスーツを着ていることでしょう。スーツや制服でしか会わない相手がカジュアルな格好をしているのを見ると、別人のように、まったく違った印象を受けるのはそんな理由からです。

服とプライベートエリアの関係

服装は、人の心理に大きな影響を与えます。バーナード・ルドフスキーは、衣装による行動の変化を、次のように説明しています。

兵士はその軍服のおかげで攻撃的になることができた。豪奢な羽毛をそなえた雄鳥が、汚い色の鳥よりも勇気凛々としているのと同じように、すばらしい服装をした精鋭集団というものはいつでも普通の兵士に勇敢さにおいてまさるものであった。(『みっともない人体』バーナード・ルドフスキー／加藤秀俊　多田道太郎　共訳／鹿島出版会)

ルドフスキーが例に挙げたように、服に袖を通すことで、勇敢さ、つまり、危機に近づくことをいとわない距離感を生み出します。本来、自分の身体を守るためであったプライベートエリアを知らないうちに狭くしているわけです。

そのうえ、こうした軍服は、見るものに近寄りがたい印象を与えます。制服を着た警察官などにすぐそばで話しかけられると、威圧感を感じる人もいます。これは、制服を着ている側と着ていない側にプライベートエリアのギャップが生じるためです。

相手をガッカリさせないために

仕事の相手と休日にデートをしたら、「なんだか、いつもより色あせて見えた……」とガッカリした経験がある人もいることでしょう。こんなときに、必ず話題にあげられるファッションセンスという言葉は、誤解されがちです。それは、服にお金と時間をかけた人だけのものではありません。

私が守っている、簡単な服のルールがあります。自宅でくつろぐ部屋着を除いて、カジュアルはタウンとスポーツという二つのジャンルに分かれます。タウンは街に出かけるための服で、色の濃い、ブラック、ネイビーなどのジャケットに、淡い色の襟のついたシャツの組み合わせです。あなたが途中でヨットに乗るのでもなければ、デートやカジュアル・フライデーにはこうした服が向いています。

黒やダークな色は、見るものにプライベートエリアを広く感じさせ、相手に近寄りがたい印象を与えます。逆に、程よいバランスの、白など淡い色はプライベートエリアを狭く感じさせ、相手に親近感を与えます。胸元に白いシャツ、それ以外の上半身をダークカラーのジャケットに包む組み合わせが不動の地位を築いているのは、人間が本来持つプライベートエリアと無関係ではありません。大切なプライベートエリアである胸元を開けたり、シャツなどに白を配置して色分けすることで、プライベートエリアの狭い肩や腕、背中とバランスをとっていると解釈することもできるからです。

はじめてのデートで、相手に違和感を感じさせたくなければ、プライベートエリアにあまり変化を持たせない服装がいいでしょう。なにも、オフィスと同じスーツを着るべきといっているのではありません。少しだけ、色や素材を変化させるだけなら、相手に戸惑いを感じさせずにすみます。普段と変わらないあなたの雰囲気に安心感さえも覚えるはずです。そして、あなたの新たな魅力を少しずつ相手に知らせることができます。

もしも、デートの途中や仕事の帰りにフォーマルなレストランへ行くことになっても、心配はいりません。そういったレストランでは、貸し出しのためのタイを用意していますから、あなたを含めて、誰も気まずい思いをすることはありません。

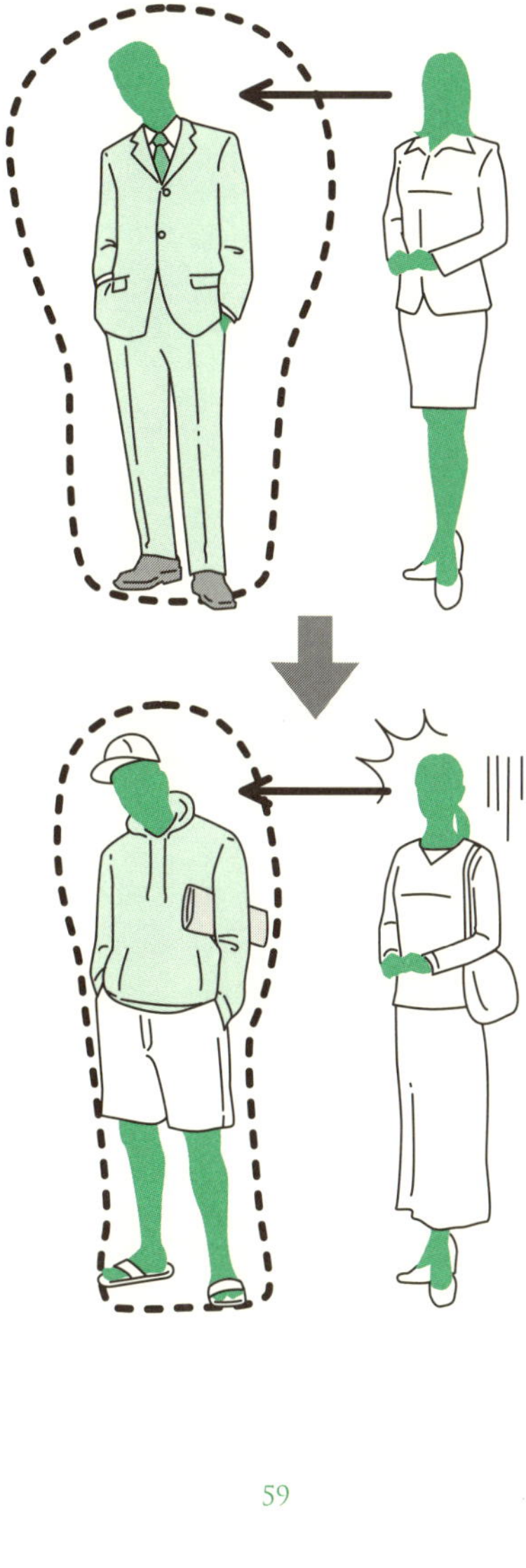

リムジンとスポーツカーはどちらが快適か

出迎えといえば……

ある外国の空港に降り立つと、ストレッチ・リムジンに迎えられたことがあります。大型車二台分の長さの白い高級車の横に運転手が立ち、近づくと後部座席の扉を開けてくれました。

アメリカの空港やホテルではよく見かける光景ですが、他人にドアを開けてもらうより、他人のためにドアを開けることの多い私は、乗り込むときに毎回つまずきそうになります。大金持ちになって、毎日のように乗り慣れれば、自然に颯爽《さっそう》と乗車できるのでしょうが……。それでも、リムジンの中では目的地に着くまでホッとひと息つくことができます。

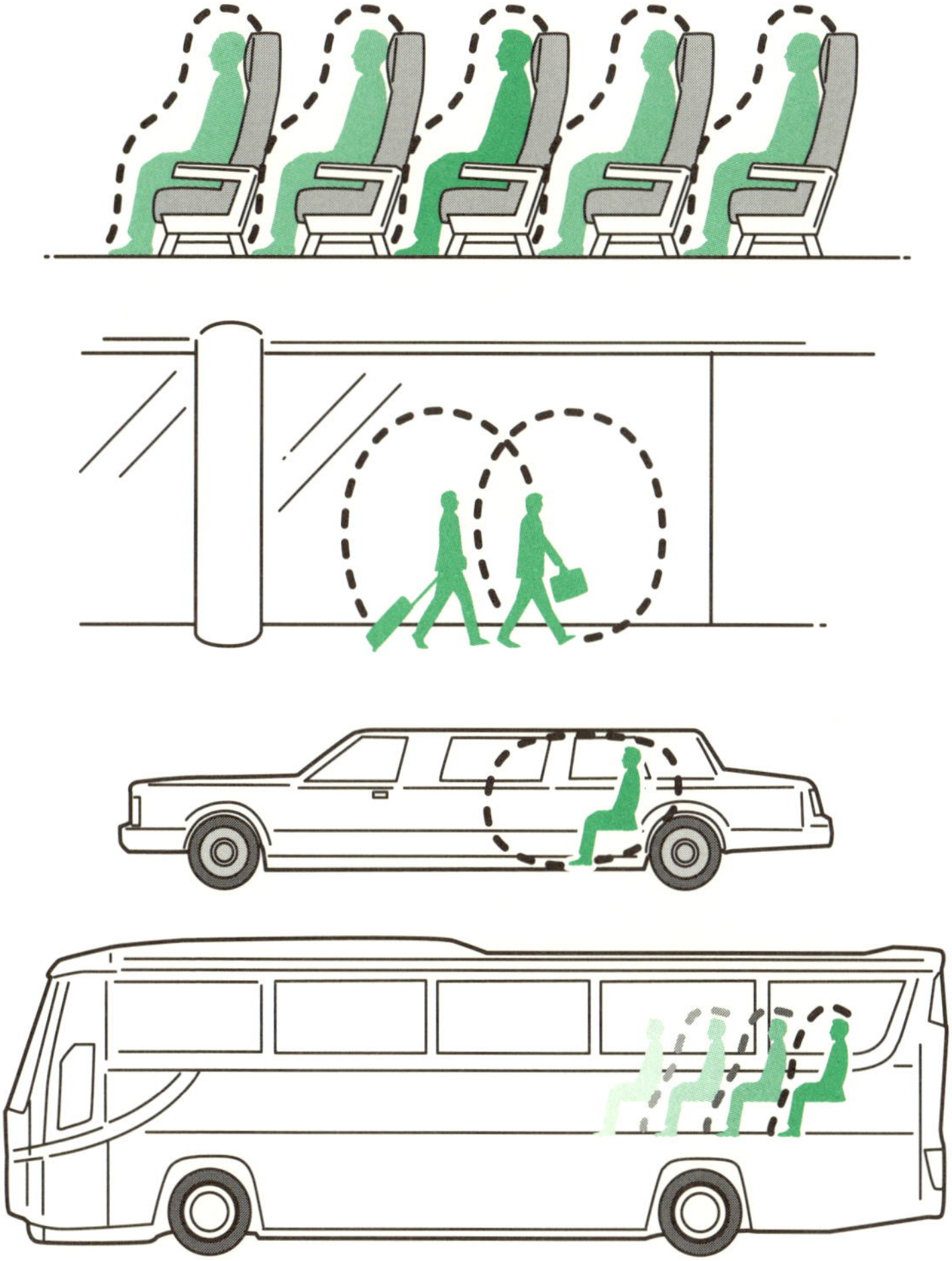

車社会であるアメリカでは、誰かのためにリムジンを用意するという行為は、最上級のもてなしの意味があります。迎える相手が、たった一人や二人であったとしてもです。

最近、アメリカではガソリンの値上がりによって、ハイブリッド・カーや低燃費車が人気です。燃費の悪いストレッチ・リムジンの出迎えは、一見、時代の流れに沿っていないように見えます。けれども、いまだに「出迎えといえばリムジン」の習慣が根強い理由は、プライベートエリアの面からも説明することができます。

乗客は狭い航空機を降り、空港のゲートで少しだけ圧迫感から解放されます。多くの都市の空港では、ホールは、天井が高く開放感を感じます。空港を利用する人たちどうしの物理的な距離は少しずつ広がり、プライベートエリアは、それに合わせて広くなります。

もし、タクシーやバスを利用するために混雑した乗り場で列を作らなければならないとしたら、プライベートエリアを再び縮小して、旅の疲れを実感することになります。ストレッチ・リムジンは、そんなストレスを少しでも緩和する効果があります。

狭いから愛おしい

しかし、車内は広ければ広いほうがよいのかというと、そうではありません。まず、自分で運転するか、他人が運転するかで、大きな違いがあります。乗客としての受動的な立場においては、広い空間で比較的自由に自分のプライベートエリアを広げたほうがリラックスできるのは、先ほど説明したとおりです。

逆にスポーツカー、とくにF1（フォーミュラーワン）といったレーシングカーのコックピットは、操作性を上げるために驚くほど小さく造られています。レーサーでなくとも、経験とともにドライバーは、車体と一体感を持つようになります。狭い路地に侵入できたり、駐車するスペースを判断するのは、「車幅感覚」と呼ばれる、車との一体感によるものです。

よく、車を擦ると、自分の身体に傷がついたように悲しんだり、怒ったり、車の修理のことを「ケガで入院中」などと表現するのも、こうした感覚と無関係ではないでしょう。

車内の空間は誰のものか

バスやタクシーなどを除いては、自動車内は運転者の個人的な空間だと思われています。好みの音楽をかけることもできますし、ドアを閉めてしまえば会話もほとんど漏れません。渋滞時や信号待ちで、隣に並んだ車の中を覗き込む行為は、無遠慮な感じがします。

この考え方は、欧米人が好んで使うプロパティ（property＝財産、所有地）という言葉によく表現されています。

西欧ではプロパティ、もしくはプライベート・プロパティという言葉は、ある種の真剣さが含まれています。プライベート・プロパティの心理的な境界線は驚くほど脅迫的で、塀にある私有地を告げる看板には、ピストルや高圧電流をイメージするイラストが描かれていることもあります。

たとえば、外交官が乗る車の車内空間は、その外交官が所属する外国の敷地と同じとされています。外交官がその特権を行使すれば、警察官といえども、車内に入ることはできません。

このような西欧人の領土や空間の所有に対する観念は、自分の国がいつ他国に占領されるかわからないという大陸の歴史観からなのかもしれません。一方、日本人は自分のスペースに侵入されることに対し、比較的寛容であるといえます。最近では、防犯上の理由から寛容とはいえなくなってきたかもしれませんが、空間をはじめ、さまざまなものに曖昧さを見いだすのは、日本文化の素晴らしい一面でもあります。

けれども、空間の曖昧さをプライベートエリアと混同すると、ストレスの原因になります。プライベートエリアは個人的なもので、他人と共有できるものではありません。他人の部屋にいるとしても、プライベートエリアは、誰のものでもなくあなたのものです。

エレベーターで上を向く人々

エレベーターに乗ると、移動中に上を向く人がいます。乗客が二、三人のときには、あまり目につきませんが、満員に近い状態になるとよく見かけます。これは、混雑時にプライベートエリアが圧迫され、顔を上げることによって、一時的に自分のプライベートエリアを確保できているような錯覚を生み出すからです。それは、酸素の少ない池にいる魚が、一時的に水面に上がって呼吸をする行動に似ています。人間にとって必要なのは酸素ではなくて、心の酸素としてのプライベートエリアですが。

デパートやホテルのエレベーターは、天井が高く設計されていることが多く、利用のピークであっても乗客はそれほど不快感を覚えずにすみます。

ニューヨークにしばらく住んでいたことがあります。当時、それほど治安がよいとはいえないエリアで、建物の入り口には鍵がついていました。大きな建物だったので、部屋数はたくさんあったのですが、エレベーターの乗客はたいてい二、三人でした。

面白かったのは、そんなエレベーターに乗ると必ず乗り込むときに他人どうしがひと言、ふた言、言葉を交わすことです。お互いに「ハロウ……」だけで終わってしまうこともあれば「今日は暑かった」や、近所の酒屋の店主のゴシップだったりすることもあります。ロンドンやニューヨーク、ロサンゼルスなど、外国の都市のホテルのエレベーターでも、そんなふうに振る舞う人たちに遭遇します。

2
距離を探る

これは、都市特有の価値観の違う者どうしが、相手と自分の空間の保有権のバランスをとろうとした結果です。オフィスやパーティならまだしも、肌の色や髪型、服装の趣味だけで相手の素性を推し量るルールは、エレベーター内では成立しません。相手の話すたわいもないひと言を通して、エレベーター内の狭いスペースを共有する相手との距離感を調整する意味合いがあるからです。

一歩外に足を踏み出すと、多くの空間は自分だけの所有スペースではなく、誰かとの共有スペースです。目を閉じたり、視線の方向を変えるなど受動的に対処したり、挨拶をするなど能動的に相手にアプローチしたり、人によってその対応はさまざまです。相手がどんな態度で迎え入れるのか、その空間が広いのか狭いのかもプライベートエリアに作用して、人の精神や行動に影響をおよぼします。

ドライブ中に愛を告白するのは有効か？

普段はいえないデリケートな話

映画『バクダット・カフェ（監督バーシー・アドロン）』は、休暇中のドイツ人夫婦の妻、ジャスミンが車内で夫の吸いかけの葉巻を捨ててしまうことが発端で、ケンカをしてモハービ砂漠の真ん中で車を降りてしまうシーンからはじまります。

こんなふうに、ドライブ中の会話はシリアスになりがちです。これはなにも、映画や小説の中だけの話ではありません。現実でも車の運転をしながら、助手席に座る人に普段いえないようなデリケートな話や真剣な話を打ち明けた経験が誰にでもあると思います。

そんなムードになってしまうのは、いくつかの理由があります。一つは、車という密室の中で、誰にも邪魔をされずに話ができること。二つめの理由は、よほどの覚悟でもなければ、その場所から立ち去ることができないこと。そしてもう一つ、日常ではあまりないコミュニケーションの特殊性があります。

日常生活で相手とコミュニケーションをとる場合、向かい合うのが普通です。「対面して話す」という言葉のとおり、上半身を相手に向けたり、人によっては相手の目を見て話します。どんなにシャイな人であっても、相手の顔を一時も見ないという人はほとんどいません。しかし、走行中や信号待ちの車内での会話は、同じほうを向いた横並びで行われることになります。

普段の会話において、シリアスな話を切り出しにくいのは「相手を怒らせるかもしれない」「落胆させるかもしれない」「びっくりさせるかもしれない」という不安があり、とくにそうした相手の表情を見たくないという感情があるからです。

しかし、車の中ではそうした相手の表情を見なくてすむため、本音を思わずいってしまい、シリアスな話に発展しやすいのです。

横並びは本音を探りやすい？

なにも「横並びはケンカが起こりやすい」というわけではありません。逆にいえば、横並びは面と向かっては照れてしまうような気持ちを相手に伝える場合にも向いています。初デートでは、相手と時間を共有したい、相手の本音を知りたい、自分のことを知ってほしいという欲求が誰しも湧き起こります。その半面、些細なことに緊張しやすく、舞い上がってしまい、デートが終わって自宅に戻ると、伝えたいことの半分もいえなかったことを後悔します。

しかし、横並びであれば、相手のプライベートエリアに侵入せずに相手の近くに身をおくことができます。相手の表情にとらわれずに、自分のことを話したり、相手の本音を聞き出すことができる効果もありますから、横並びは初デートには最適です。ドライブに限らず、映画館、テーマパーク、美術館、水族館、動物園がはじめてのデート場所に選ばれるのは、横並びで過ごすことができるのが、その理由の一つといえます。

デートに最適であるはずの横向きでの会話には、欠点もあります。話す側は抵抗なく話すことができるのですが、聞く側は、それがどれくらい真剣な言葉なのかが判断しづらいことです。このセクションの冒頭に紹介した、映画における車内のトラブルの原因もそこにあります。些細な不満の積み重ねで、相手がどれくらい腹を立てているのか、向き合っていたら判断できたかもしれません。しかし、相手の表情を読み取りづらい運転席と助手席の関係では、そういった齟齬《そご》が生まれることがあります。

横を向くことの錯覚

マジックのジャンルの一つに「サッカートリック」と呼ばれるものがあります。マジックの途中に、マジシャンが失敗したように見せるタイプのトリックです。無理に日本語に訳せば「観客を引っ掛けるトリック」でしょうか。もちろん、その失敗も脚本上だけで、最後にはトリックが成功します。

実はこうした演出法は、マジックの中だけではなく、さまざまな舞台芸術の中で使われています。たとえば、ラスベガスのショーとして代表的なシルク・ドゥ・ソレイユの「O（オー）」のオープニングでも、観客の一人が舞台に手伝いに上がったように見えますが、しばらくして、その観客が役者であることに気づかされるシーンがあります。本来、常に観客席を向いているはずの演技者の視線が、なぜか、横を向いたとき、多くの観客は何かアクシデントが起きたことを感じ取ります。観客は、しばらくして、そのアクシデントが演出上のウソであったことを知ります。

このときに大切なことは、あまり観客に失敗を信じさせすぎないことです。もし、マジシャンなどのエンターティナーが「本当に失敗した」と観客に思われたとしたなら、苦労して作り上げた夢の世界を自らが壊してしまうことになります。テレビ番組の収録であれば、誰かがカメラを止めてしまうかもしれません。

昔から演じられてきた「体を分断する」トリックがあります。なにしろ、一五八四年にロンドンで出版された『THE DISCOVERIE OF WITCHCRAFT』にも、首と胴体を分離するトリックが解説されているくらいなので、古くから人々を魅了してきたのでしょう。

私が子供のころには、舞台で誰かの「クビを切る」という内容が見せものとしてゲンが悪いと考えたのか、女性を胴の部分で二つにするというトリックに変わっていました。なかには切るときに血が出るという真実味のある演出を好むマジシャンもいました。しかし、時代とともに、その演出は見かけなくなりました。

このトリックは「サッカートリック」とはいえませんが、舞台の上で見る赤い染料は、観客を大いに心配させました。「信じさせすぎること」が、場合によってはよくないことの例といえるでしょう。観客を現実に引き戻さず「もしかしたら、失敗……?」というくらいの、適度な観客の反応を生み出すことがエンターテインメントでは大切です。

「さりげなさ」や「曖昧さ」

横並びに共通するのは、相手の近くに身を置けることと、対象を認識しづらいことです。「対象」というのは、先に挙げたデートの例では「怒った表情」や「緊張や舞い上がり」、マジックの例では「血に見える染料」です。運転席や助手席では基本的に窓の外に、水族館では水槽の中に、劇場ではマジシャンの振る舞いに、視線を向けるのが自然な行為だからです。本当に自分が知りたい対象（相手の表情など）と、視線を向けてプライベートエリアに入れる対象（風景や水槽の魚など）が異なることが共通しています。

そういった行為は、自分の言葉や行動に「さりげなさ」や「曖昧さ」を付け加えます。そして、それは車内でのトラブルにはマイナスに、はじめてのデートやマジックにはプラスに働きます。

そして、二人がプライベートエリアの大きさの違う相手だったとしても、横並びで過ごせば、その大きさの違いがストレスにならないという面もあります。そんなことも、誰かをデートに誘うときに横並びを勧める理由です。ただし、あまり魚や動物、絵画などを自分のプライベートエリアに入れて、熱心に観賞しすぎないように注意してください。相手に「この人は自分のことを忘れている」という誤解を与えるかもしれません。

相手の思っていることをすべて知りたい、自分の思いをすべて伝えたいという考えは、誰もの純粋な欲求なのかもしれません。けれども人間関係においては、曖昧にしておいたほうがうまくいくこともありますし、さりげなく伝えたほうがよいこともあります。それは、マジックの秘密と同じです。

それでは、もし横並びのときに、対象をプライベートエリアに含めた場合はどうなるでしょう。それを次に説明します。

マジックをするテーブルが半円な理由

三角が生み出す対等感

　マジックの特別番組などで、テーブルを設計してもらえることがあります。そんなときは、両腕を広げたサイズが直径の半円のテーブルをお願いしています。これは、そこに座る誰にでも手を伸ばせるという理由だけではありません。

　人間の手足の可動範囲は、円に近似した形を描きます。しかし、人間が創造する建築や家具などは、四角形を基にしたほうが作りやすく配置しやすくなります。その矛盾に気がついた人は、古くから存在しました。レオナルド・ダ・ヴィンチは、円と正方形で囲まれた人体の図をノートに残しました。

　この古代ローマ時代の建築家ウィトルウィウスの考察を描いた図はとても有名なの

2 距離を探る

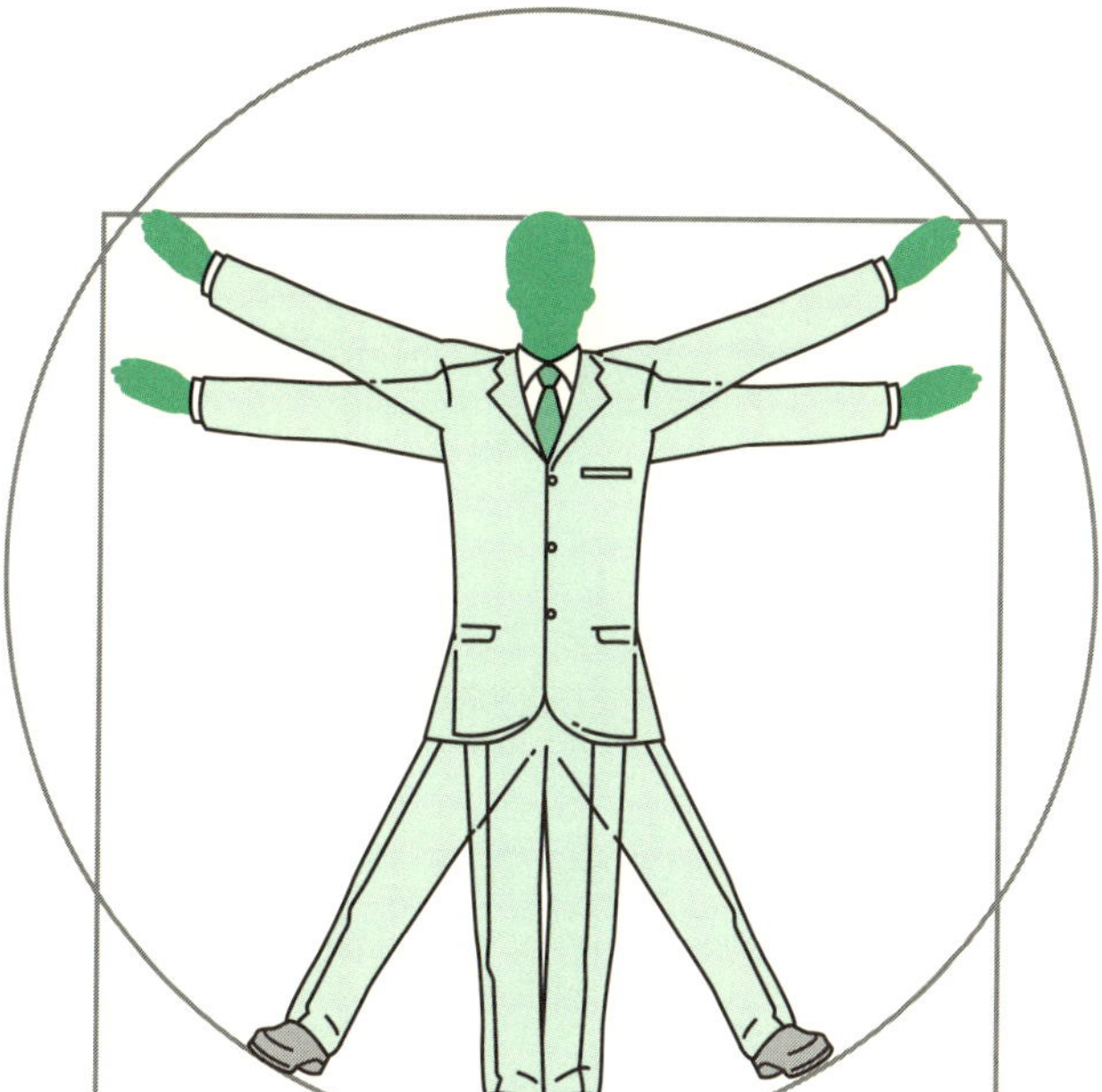

で、ご存じの方も多いと思います。ダヴィンチがそこに描いたのは人間を正面から捉えた構図ですが、俯瞰《ふかん》したときの人間のプロポーションも想像することができます。誰でも、平泳ぎをするときのように肩の高さで腕を水平に動かしてみれば、自分の身長を直径とした、ほぼ半円を描くはずです。

半円であれば、マジシャンは立ち位置を変えずに、身体の向きだけを変えれば、どんな時でも、マジシャン、マジックを手伝うゲスト、テレビカメラで三角形を構成することができるのです。

こうした構図は、テレビを見る人に一体感や対等感を生み出します。マジシャンは視聴者よりも上でも下でもなく、ゲストと視聴者も同様です。三角形のアングルをとることで、はじめて視聴者は安心してマジックに集中することができるのです。

この場合の対等とは、誰に対しても対等という意味ではありません。一つのプロジェクトや目的、社会に対して対等なのです。これを常に確認するためにも、身体の向きや距離は重要になります。

四角と三角と丸

上司と部下の対立や多少のトラブルは、どこの会社でもあるものです。部下から見れば上司は保守的で考えが古く、上司からは部下は短絡的で考えが浅く、思慮が足りないと思われがちです。

立場が違えば考え方は変わります。自分が優れたプロジェクトだと信じていても、上司がそうは思わないといったことはよくあることです。世代も立場も違うのですから、ある程度のぶつかり合いは仕方がありませんし、そこから新しい発想があるのかもしれません。しかし、必要のない対立は避けなければなりません。これに、先ほどの三角形の構図が役立ちます。

たとえば、あなたが一生懸命に練り上げた企画書を上司に読んでもらうとき、どんなふうに渡しているでしょうか？　上司のところに行って正面に立ち、書類を上司に向けて渡して、読み終わるのを待っている。これは、あまり優れた書類の渡し方ではありません。「このプロジェクトをあなたの力を借りて実現したい」ということを上司に示したいのならば、企画書と上司とあなたで三角形を描くように向き合います。こうすることで、「新しいプロジェクト」という目的に対して、対等に臨むイメージが生まれやすくなります。出張に同行した車中や、会議室でミーティングがはじまる前に横並びに座って目を通してもらうのもいいでしょう。三角形の形はさまざまでも、同じ方向から企画の内容を読んで確認できるような向きであれば理想的です。

後世のヨーロッパで規範となったキング・アーサー伝説の「円卓」の導入は、命令系統を画期的なものにしました。四角いテーブルのときにはどこに座るのかをめぐって部下たちの対立が絶えませんでしたが、丸いテーブルに変えたことにより、協調意識が生まれたといわれています。丸いテーブルであれば、どの位置に座っても、ほとんどの場合は、円の中心点と自分と相手を結ぶ図形は三角形になります。正面で向かい合えば対立を誘発しやすく、横並びになると協調しやすくなるのは、古今東西の人間の普遍の心理行動といえます。二一世紀に入っても、そのスタイルは引き継がれ、多くの国際会議などで採用されています。

現代のほとんどのオフィスでは長方形の机が使われています。そのほうが効率的

に配置でき、利用できるからです。その形や向きは、使う人間に心理的な影響を与え、人間関係に作用します。無意識に配置された机やイスに合わせて行動すると、知らずのうちにスムーズな人間関係を阻害してしまうことがあります。かといって、オフィスの配置や机を一新するというのも現実的ではありません。使い方の発想を変えて「四角い机を丸く使う」など、柔軟に考えることが大切です。

いつもの上司からの苦言だったとしても、「別の角度からの的確なアドバイス」に聞こえるかもしれません。

仕事上のことは、正面で褒める

社交辞令と心からの賛辞

上司が部下のことを褒めたり、よい評価をするときは正面に向き合ったほうが効果的です。これは、自分が真剣に相手を評価をしているという印象を強めます。

感謝状や表彰状も正面で渡されます。オリンピックの金メダルもまた同様に正面から首にかけられます。面白いのは、アカデミー賞などは、横向きに渡されます。これは、賞を選定した委員が授与するのではなく、プレゼンターと呼ばれる同業の俳優などから、彫像を渡される形式だからです。ほとんどの場合、受賞者はプレゼンターと握手をしたり、抱き合ったり、頬にキスをしたりして、喜びを分かち合います。賞賛を共有するという文化が形に現れた例でしょう。

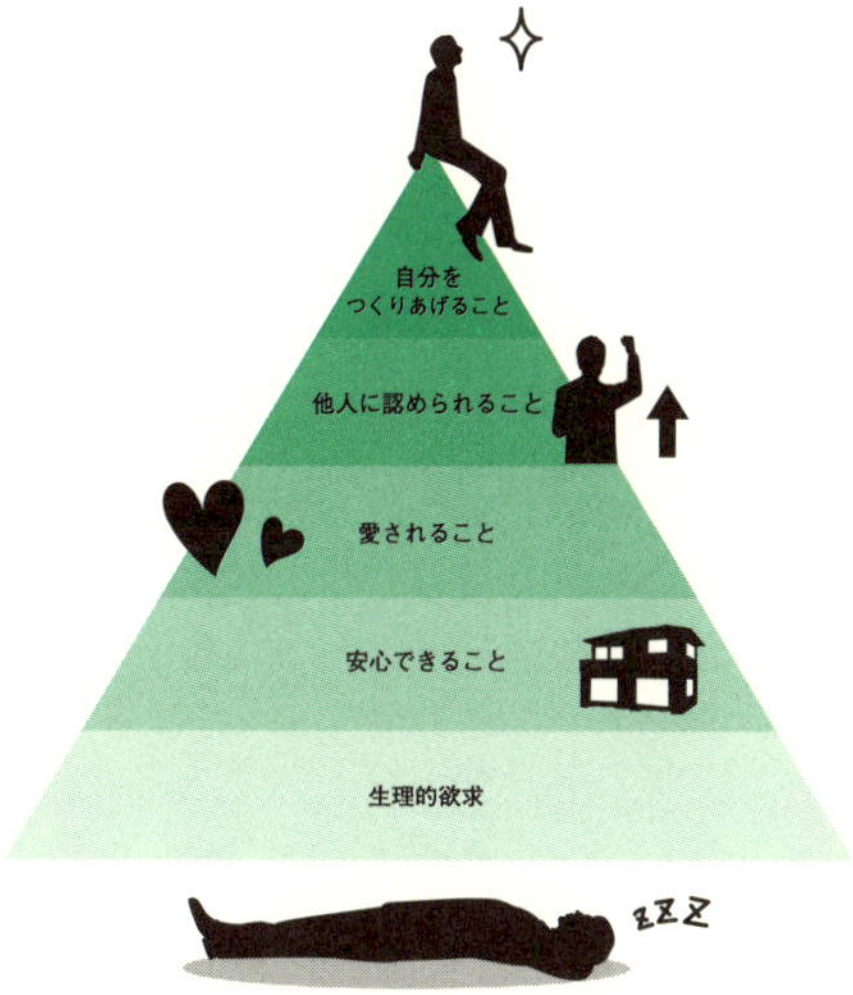

マズローの人間の欲求のピラミッドでも上位を占める「他人に認められること」は、不確実さをともないます。人間が最初に渇望する食事や安全は自分一人で自覚できますが、社会的欲求である評価は、一人では確認することはできません。

褒め言葉に疑いを感じてしまうことがあるのは、世の中には人間関係を円滑にするための社交辞令としての褒め言葉があるからです。このため、評価を受けたときに、それが本心であるのかリップサービスであるのかの判断も簡単ではありません。相手の褒め言葉が本心であるのか、お世辞であるのかがわからず、社会的に評価されたいという欲求の板挟みに不安を感じます。「どうせ、お世辞に決まっている」という考えは、相手の言葉を信用しないのと同時に、自分自身を信用していないことになります。だからといってドライな評価ばかりだと、人間関係がギクシャクします。

リップサービスや社交辞令としての褒め言葉は横並びや斜めの角度から、心からの賛辞は正面でと、使い分けるとよいでしょう。そうすれば、「今日の服は素敵だね」という褒め言葉を、セクハラと受け取られるリスクが軽減します。

正面で向き合うという対立を生み出す構図だからこそ、褒められたときに真実味が増します。「仲間に褒められるより、ライバルに褒められたほうが、冷静に評価された気がする」というパラドックスです。

正面で褒めるのは人のためではない

褒めるという行為は、それが本心であれば褒められる側だけでなく、褒める側にもある種の高揚感、よい気分を与えます。それは、人の少ない美術館でお気に入りの絵画を独占して楽しむことに似ています。

何かの優れた部分について、感想を述べることは楽しく、バイクが好きな人であれば、同じ仲間と何時間でも目を輝かせて話すことができるのと同じことです。それも、雑誌のページに掲載されたバイクの写真を見ながら評価するよりも、実物のバイクを目の前にして素晴らしさを語ったほうがより楽しいはずです。

しかし、誰かを褒める、それも家族だったり同僚だったり部下の場合は、相手が目の前にいるので、照れや気恥ずかしさが生じるものです。簡単な言葉ですませたり、言葉で表さなくても理解しているはずだという、勝手な言い訳で自分を納得させることもありがちです。

効果的に相手を褒めるというスキルは、頑張って身につけるタイプのものではないでしょう。相手を自分の正面に捉えて本心で褒める、そして相手が嬉しそうな顔をする。それは何度繰り返しても、毎回、充実感を覚えます。褒められる側も、褒める側もです。

マズローが提唱した社会的親和性は、心で評価するだけでなく、そう行動したときにはじめて欲求が満たされます。よい成果を上げても、それが褒められることもあれば、正当に評価されないこともあります。そういう意味では、褒められることや評価されることは受動的です。しかし、褒めるという行為は能動的です。

お茶の席での常套句《じょうとうく》の「けっこうなお手前でした」という言葉は、お茶を振る舞った主人への褒め言葉として知られています。その言葉を受けて主がいう「いえいえ、あなた様もけっこうな客ぶりでした」という客人に対する褒め言葉もまた常套句です。それは、相手に対する誠実な気持ちと、正面を切って相手を褒めるという様式を抜きにしては語れません。

最近はお茶の席に呼ばれることもめずらしくなりました。しかし、ライフスタイルが変わっても、「他人に評価される」という欲求と同じくらい「誰かを評価する」という欲求は大切なままです。それが相手に伝わる方法でなければ意味は半減します。

プラベートエリアを有効に使い、相手と正面で向き合って褒める。お互いに気分がよくなるだけでなく、信頼関係がより強固になるはずです。

立つべきか、座るべきか――マジシャンの悩み

「マジシャンよ、立ち上がれ！」

この半世紀の間、クロースアップ・マジシャンはテーブルに座ってマジックをするべきか、立って演技をするべきかを悩み、世界中で議論になっていました。アメリカのマジックの専門誌には「いまこそ、マジシャンよ立ち上がれ！」などというコラムが掲載されるほどです。結局、マジックのスタイルが、四、五人という本当に少人数だけに見せるタイプから、数十人の観客、マジックのコンベンションなどでは数百人に向けて演じる機会もあることから、最近では立って演じるクロースアップ・マジシャンが多いようです。

口が悪い人の中には、こんなことをいう人もいます。「ハンサムなマジシャンは座

って演じたほうがよく、そうすれば、手元と顔が近いので、両方を観客が楽しめるはず……」。それ以外のマジシャンは立って演じたほうがいいというわけです。

私は立ってマジックを演じることがほとんどです。それは、立って演じたほうが自由に上半身を動かすことができ、自分のプライベートエリアを有効に使えるからです。それに、スーツを新調しても、それが半分しか観客に見せられないとしたら、少しもったいない気がするのです。

上司の小言対策

机に向かって仕事をしていたら、上司がやってきて書類上のミスの注意を受けたとします。立っている上司に失礼だと思い、イスから立ち上がって話を聞くと、意外に相手が近くて余計にストレスを感じてしまうことがあります。

これは、イスから立ち上がることによって、プライベートエリアが変化したためです。ここで注意したいのは、その位置関係の変化は、自分だけでなく相手にとってもストレスになっている、ということです。ですから、短時間ですむはずの小言が長くなったり、最悪の場合、「反抗的だ」と誤解されてしまうことにもなりかねません。

これを避けるためには、上司が自分の机の横に立ったら、まず自分が立ち上がり、上司に自分の席に座ってもらい、話を聞くとよいでしょう。また、あたりを見回して空いているイスを探して、お互いに座って話を聞きます。もし、上司がそれを断ったとしても、この行動をとりながら互いのプライベートエリアを再調整することができるメリットもあります。

座った相手との向き合い方は、メモを書くなどして、やや状態をかがめること。こういったことを書くと怒られてしまうかもしれませんが、実際にメモをとることが重要なのではなく、立ったままメモをとる身体の形は、座っている相手に対してプライベートエリアを確保するには理想的ということです。

クレームなどのネガティブな話題の場合は相手の正面ではなく、少し斜め前方に立つのがよいでしょう。上半身を相手の正面に向けてはいけません。あくまでクレームの対象となるのは、ミスした書類やそのときの対応などの誤った行為であり、あなたの自身の能力や人格ではないことを忘れないでもらうためです。

司会のことをMCと呼ぶ理由

二〇年程前に、はじめてアメリカの劇場でマジックをしたときのことは、いまでも昨日のことのように覚えています。赤い布地にキラキラと光るラメの入った幕の後ろで出番を待っていると、司会者が私のことを紹介する声が聞こえてきます。その素晴らしい紹介ぶりに観客は期待のこもった拍手をしてマジシャンを迎えてくれます。

ショーの司会者のことを英語圏の人たちは「MC」と呼びます。なにも、司会者がマイクを持っているからではありません。「Master of Ceremonies（儀式、または式典の支配者）」と尊敬をこめた呼称です。演技者として、まず最初に覚える重要事項で、私がはじめて劇場のバックステージに足を踏み入れたとき、周囲の出演者が教えてくれました。

マジシャンというフリーランスの職業には、上下関係はほとんど存在しません。もちろん、クライアントやスタッフ、観客との関係は大切ですが、それは上下関係というわけではありません。しかし、MCだけは特別です。MCは、まず登場をして、観客に好かれ、信用を十分に得てから、次に演技者を紹介します。ショーにおいてはその名前のとおり、絶対的な支配者であるといえます。

MCは、自分の影響力を自覚しつつも、演技者に対してはとても親切に優しく接してくれることがほとんどです。MCは出演者を、出演者はMCを、お互いに尊敬して大切に扱うことが、ショーを成功させるために重要であることを経験的に知っているからです。

強い立場の人間は距離を広めにとる

「パワー・ハラスメント」という言葉があります。もしかしたら「パワー」のかわりに「セクシャル」という単語がついたほうが、認知されているかもしれません。いずれにしても、「ハラスメント」は日本語では「嫌がらせ」と訳されることが一般的ですが、その根本となる考えは「立場が弱いと選択権が制限される」ことからはじまります。

もともとは「モラル・ハラスメント」として、フランスの精神科医のマリー・フランス・イルゴイエンヌが提唱した概念で、現在では「セクシャル・ハラスメント」や「パワー・ハラスメント」という言葉も含めて細分化されています。

この概念が、メディアを賑わすようになったのは、加害者に自覚がないという特殊性にあります。肉体的な暴力であれば、被害者も加害者も、第三者も簡単にトラブルを認識できます。しかし、精神的な暴力で、それが繰り返される場合は、事態は深刻になります。そのうえ、加害者に自覚がなく、トラブルになってはじめて、気がつくケースも少なくありません。

相手の「プライベートエリアを侵害した」というだけでハラスメントだと騒ぎ立てるのは大げさかもしれません。しかし、無意味なストレスを自覚なく相手に与えるという部分では、「プライベートエリア」と「ハラスメント」の間には、いくつかの共通点があります。上司が近づきすぎても、部下は後退しづらいからです。

道路などのパブリックスペースで、他人に話しかけられたとき、相手との距離感が不快であれば、一歩下がったり、無視して通り過ぎることもできます。しかし、知人どうしとなると、そんな露骨な態度は取りにくくなります。相手が傷つかない範囲で、

距離を調整したり、話を切り上げたりするかもしれません。あまりに距離感に鈍感な相手なら、直接会う機会を減らしたり、用件を電話やメールですませることもできます。しかし、会社や学校の場合は、そうもいきません。

もしあなたが上司という立場にあるなら、部下に対して距離を広めにとることをお勧めします。あなたは部下に対し強い立場にいるのですから、自分で好きなようにプライベートエリアを選択することができます。でも、あなたより弱い立場にいる部下は、あなたにプライベートエリアを侵されても、なかなか抵抗できません。

たとえ、距離がありすぎて、相手とのコミュニケーションが取りづらいと感じたとしても、自分からは近づいてはいけません。部下が「距離を縮める」という選択肢を選べるようにする必要があります。けれども、多少離れていても相手とのコミュニケーションは成立しているものです。「話が伝わっていないのでは」という精神的な不安を、相手との距離に原因があると勘違いしないことが大切です。

なかには、話に集中したり、盛り上がったり、喜んだり、怒ったりすると、つい相手に近づきすぎてしまう、身体を触ってしまう、という人もいるかもしれません。そういう人は、自分の机を挟んだり、応接用のソファを利用するなどして、予防策が必要かもしれません。応接用のソファは、座面の距離が長く、上体が相手から離れるので、十分なプライベートエリアを確保することができます。また、リラックスして座る姿を見せることによって相手に安心感をあたえます。

話の内容が真剣なものであっても、十分な距離を保ち、お互いの身体の形がリラックスしていれば、相手の警戒心や不安感も薄れ、無用なトラブルを避けることができるでしょう。

ただし、ソファに座る場合は、横並びに座ってはいけません。上司として、部下に伝えるべきことは職務上の指示やアドバイスであって、「距離が近すぎる」という無用のストレスを与えることではないからです。

上司と部下に限らず、力関係が存在する場合には、後ずさりできないストレスは常に存在します。サービスする側とされる側、店員と顧客、生徒と教員など、一般的に力が強いと認識されやすい立場の人は、相手との距離に注意を払う必要があります。

マジック禁止のプライベートクラブ

はじめての社交界

私にとって、エスコートやマナーが本当に必要になったのは、マジシャンという職業を選んでしばらくしてからのことです。

あるプライベートクラブのメンバーシップ・ディレクターがクラブのパーティに招待してくれました。そういった場所でマジックをした経験はありましたから、マジシャンとして片手にトランプを持っているのなら間が持ちます。ところが今回は招待客です。マジック抜きでは、何を話し、どう行動していいのかさえもわかりません。パーティがはじまるとすぐにそのことに気がつきました。その夜は、緊張のあまり何を食べ、誰とどんな話をしたのか、自宅に戻っても思い出せませんでした。

そのパーティになぜ招待されたか、理由はわかりません。もしかしたら、当時はめずらしい、クロースアップ・マジシャンに将来性を感じてくれたからかもしれません。そして、それ以来、メンバーと同じようにクラブで食事をすることが許され、パーティにもたびたび招待客として誘ってもらいました。それが一〇年近く続きました。

いまでは、値段のないメニューを渡されても、それほど戸惑うことはなくなりました。さまざまなルール、たとえば皇室や王室の方々と会話するときは、言葉の最後に「Your Highness」、大使夫妻には「Mr.（または、Mrs.）ambassador」という敬称を付けるのも忘れることが少なくなりました。それでも手にトランプを持っていないときは、とても不安になります。

数々のパーティに行くたびに、恥をかいたり、周囲の人々に気まずい思いをさせたかもしれません。しかしエスコートやマナーだけは、少しずつ確実に学んでいくことになりました。

マナーとエスコートの意味

英国やフランスに限らず、欧米では、女性や目上の人がテーブルにつくときは、イスから立って出迎えるのがマナーとされています。もともと、物騒な時代に危害を加える相手から守ったり、裾の長いドレスを着た女性が座るときに転ばないようにする習慣などから生まれたものですから、現代では無用と思われがちです。

「そんな社交界とは無縁だから……」と、マナーや礼儀を軽視する人も少なくありません。ルールに従う、従わないは、あなたの自由です。しかし、そのルールの生まれた理由や本質を知ることは大切なはずです。カジュアルなレストランやカフェにしか行かない人にとっても、エスコートするときのプライベートエリアの使い方を知っていることは、交際の強力な武器になります。

エスコートとプライベートエリア

レストランやメゾンなどで、男性が女性をともなって階段を上がるときは、男性が先に上がるのが基本です。レディファーストだからといって、女性を先に上がらせるのは注意が必要です。よほど親しい間柄でなければ、女性は脚を男性の目前にさらすことを好みません。家族や親密な関係でなければ、男性は階段を先に上がり、自分の胸や顔の周辺のプライベートエリアに女性の脚を入れないほうがいいでしょう。

もし、エスコートする女性が妊娠していたり、高齢であったりなど、サポートが必要な場合には、寄り添うように、斜め後ろになるように階段を上がります。そうすれば、女性の脚を目前にすることはなくなります。階段を下りるときは、万が一、相手が転んだときにクッションになるように、必ず男性が先に降ります。

いずれにしても、エスコートする相手のプライベートエリアに侵入せず、自分のプライベートエリアに女性の脚など入れずにサポートすることが大切です。

二種類のドアの開け方

他人のためにドアを開ける。エスコートの基本ですが、プライベートエリアの使い方で、相手をさらに気分よくさせることができます。内開きのドア、外開きのドアでも、ドアハンドルが右でも左でも、振る舞いは、二種類しかありません。ドアを開けた自分のプライベートエリアの中を通すか、外を通すかです。

たとえば、外開きのドアを開けたとき、その開けた状態で人を通すと、相手はあなたのプライベートエリアの中を通ることになります。プライベートエリアの外を通したければ、内側のドアハンドルを開けた手と反対の手で保持すれば、そのドアを通る人は、あなたのプライベートエリアの外側を通るはずです。

プライベートエリアの内側を通す相手は、あなたのゲスト、家族、高齢者、子供などで、外側を通したほうがいいのは、若い異性や同世代の同性などです。そうすれば、食事中に「異性に鼻を伸ばしていた」と責められることはなくなるはずです。

イスから立ち上がる効果

先に説明したように、テーブルに女性や目上の人が着くときは、イスから立つことがマナーとされています。若い女性は同世代の男性には立つ必要がないといった特異なルールもあるので、詳しくは専門のマナーブックを読むといいでしょう。

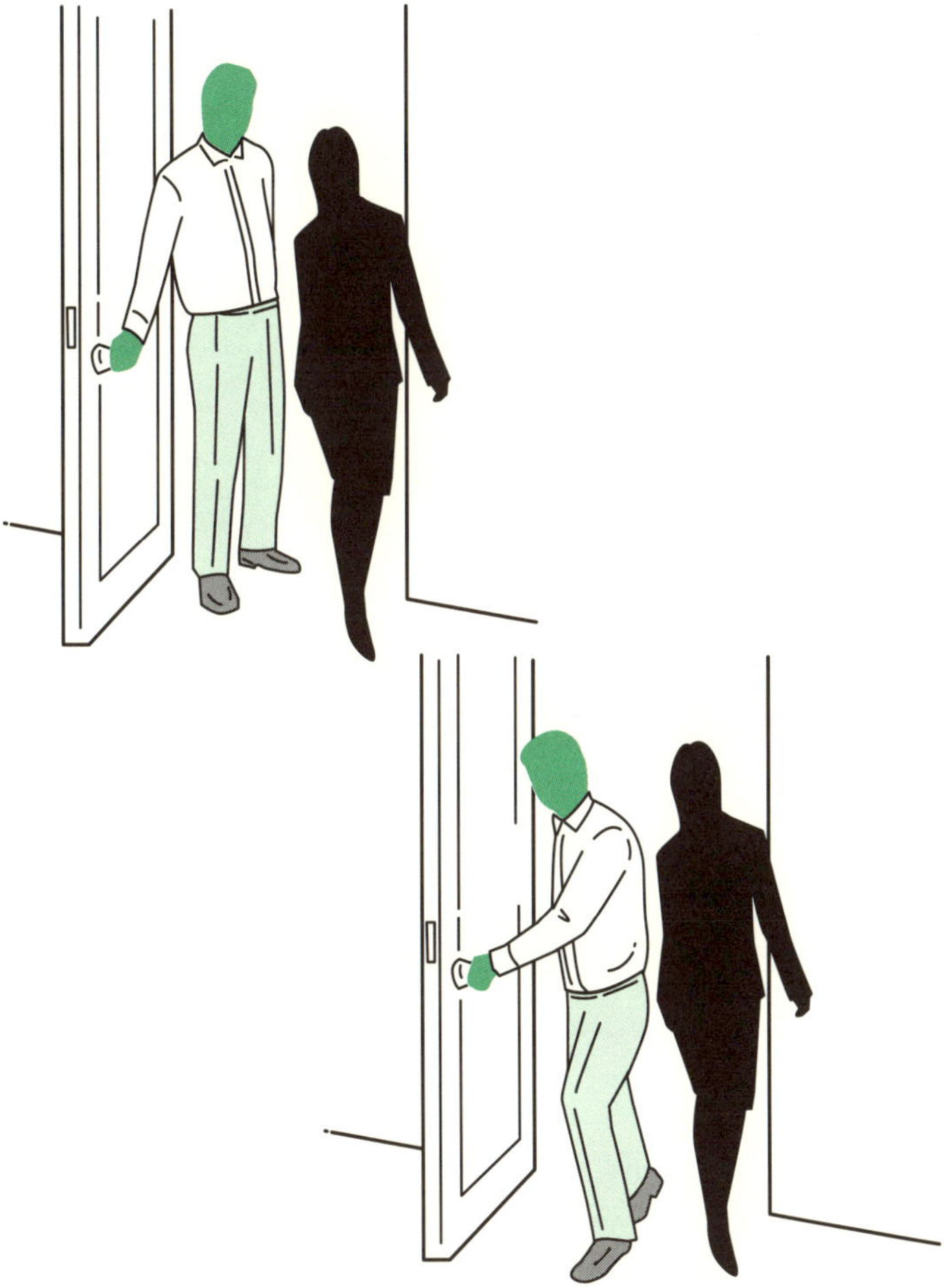

この伝統的ともいえるマナーが現在でも頻繁に活用されている理由は、テーブルのプライベートエリアや話題のリセットの意味があるからです。途中からテーブルに着席する人は、すでにでき上がりはじめた集団のプライベートエリアに入りづらく、会話の途中であれば、挨拶で会話を中断することに心苦しさを感じるからです。

新たにテーブルに着く人のために、全員が話を中断して立ち上がれば、誰しもがスムーズに挨拶をすることができ、新しい会話をはじめることもできます。何よりも、テーブルに着く人数の変化によって生まれる、新しいプライベートエリアを再構築することができます。

テーブルクロスのかかったレストランで、マナーやルールを知っていることは大切です。しかし、時にはルールにとらわれずに振る舞うことで、相手を大切に扱うこともできます。こんなイギリスの逸話があります。

ある外国人が、イギリスでのフォーマルな食事の席に招かれました。テーブルにはクロスがかけられ、たくさんのフォークとナイフが並んでいます。コースの途中でフルーツが出されることになり、フィンガーボール（手を洗うための水のはいった器）がテーブルに出されました。外国人の招待客は、前の料理の味がしょっぱかったのか、透明なスープと勘違いしたのか、はじめて見るフィンガーボールを持ち上げると、中の水を飲み干してしまいました。もちろん、テーブルに同席したイギリス人たちは内心、大いに動揺しました。しかし、そんな表情は誰も顔には出さず、イギリス人たちは全員、自分の目の前にあるフィンガーボールを持ち上げ、その外国人がしたのと同じように、水を飲み干しました。

これは、外国人に恥をかかせまいとしたイギリス人の紳士淑女ぶりを表したストーリーです。この逸話のように、ルールやマナーは、場合によっては破られることがあります。しかし、テーブルマナーが守られなくとも、プラーベートエリアのルールが守られないことは、まずありません。それは、相手に対する、尊敬、慈愛、いたわり、慎重さなどを伝えます。そうした行動が会話の中で言葉に真実性を与え、エレガンスを生み出し、誰かと共有する時間が至福のものになることでしょう。

あなたがマジシャンだとしたら？

右側か、左側か

マジックのショーでは、観客をマジシャンのすぐ隣に招き、トランプを一枚選んでもらったり、指輪などを借りてトリックを行うシーンがあります。そういった観客、マジシャンのすぐそばでマジックに参加してくれる人のことを、マジシャンは「ボランティア」と呼んでいます。

「ボランティア」という言葉は、日本語ではすっかり、無償奉仕家やその行為として浸透していますが、もともとの英語では「志願兵、義勇軍」などを意味した言葉です。マジックを手伝う奉仕家というよりは、本来の意味に近いのかもしれません。

もしマジシャンにとって、ボランティアを自分の右か左か、どちらに立たせるかが重要だとしたら、それはどんな理由でしょうか？

ある人はこう考えるかもしれません。「マジシャンは利き腕である右手で秘密の動作をするから、右手が見えにくいように自分の右手に立たせるはず」。別の人はこう考えます。「いやいや、右手で注意を引かせて、そのスキに左手で秘密の動作をするから、きっと左側に立たせるはず……」

もしあなたがマジシャンだとしたら、ボランティアを自分の右側に立たせますか？

それとも、左側に立たせるでしょうか？

左から右に

古くから、マジシャンは観客席から見て右側にボランティアを立たせてきました。これは、世界中のほとんどの文字が、左から右へ読まれることと関連しています。

観客席から見て左に立つマジシャンが「このトランプをよく調べてください」などと指示を出し、ボランティアがそれに応じる。マジシャンが「それでは、トランプの中から一枚のカードを選んでください」とお願いをして、観客はそう行動する。

こうした一連の流れは、観客席で見ている人は、普段文字を読む方向と同じように舞台の進行が左から右へと流れるので、自然に受け入れることができます。

あなたが企画会議などでスクリーンやビデオモニターなどに出力された資料で説明する場合は、左から右へ説明が進行するようにすると観客にとって、心地よい流れになります。

もし、観客から見てモニターの左側に立てば、プレゼンター主体でプレゼンが進む印象を与えます。逆に、右側に立てば、モニターに映し出されるデータや画像などが主体で進められるように観客は感じます。

そのプレゼンで、観客に印象づけたいのは自分の能力なのか、それともプレゼンする商品などの題材かで、自分の立つ場所を決めるといいでしょう。何かを手に持って観客に示すときも同じです。観客に提示してから、それについて説明するなら自分の右手側に、説明をしてから提示するなら、左手側に商品などを持つと自然な流れに見えます。これは、ステージの上で数百人を対象にするプレゼンだけではなく、一人を相手に、机の上に資料を並べて説明するときも同じです。

1
2

プレゼン上級者は違和感を演出する

こうしたことをふまえたうえで、上級者の中には、あえて逆の方向にプレゼンを行う人もいます。一度に多くのプレゼンがある場合、自分のプレゼンを印象づけるために、観客から見て右から左へ説明する手法です。また、配布する書類やプロジェクターなどに投影する文字を縦書きにするのも、右から左へのプレゼンには効果的です。ただし、縦書きは、投影するスクリーンの高さによっては、画面の下部の文字が読みにくくなるので注意が必要です。

右から左へのプレゼンテーションは、見ている者に潜在的に、流れに逆らう印象を与えます。ですから、一見、オーソドックスな内容に思われやすいが斬新な切り口の内容や、ブームや時代の流れに逆行する内容に向いています。

プレゼン中の動作

マジシャンがボランティアを自分の左側に立たせるのには、もう一つ理由があります。左手側にボランティアを立たせれば、右手を使って大きなゼスチャーをしても、ボランティアのプライベートエリア、顔や胸の前などに侵入しないですむからです。

観客はボランティアに親近感をいだき、自分たちの代表のように感じます。マジシャンが不用意にボランティアのプライベートエリアに侵入した場合、ボランティア本人だけでなく、それを見た観客全員が不快に感じます。

プレゼンにおいても、観客や顧客とつながりのあるものを大切に扱うと、見ている人は安心します。いくら敬語をつかっても、つながりのあるもの、たとえば、顧客の要望が書かれた紙やボードを軽々しく扱うと上辺だけの態度に思われます。単に手が滑っただけであってもです。自分の持ちものを大切に扱われて嬉しかったり、逆に軽々しく扱われて腹が立ったりするのも、それと自分を重ね合わせているからです。

大切なものは左に

歌舞伎をはじめ、日本の舞台やテレビスタジオでは、出演者やスタッフに指示を出すときに「右」や「左」ではなく、「下手《しもて》」や「上手《かみて》」と呼びます。そのような現場では、右、左という言葉は混乱をまねくので、ほとんど使われません。

たとえば、役者にとっては右でも、観客席から見れば左です。もし、演出家が「もう少し、右に行って」と観客席で指示を出しても、役者は逆方向に動いてしまいます。ですから、舞台の関係者は、観客から見て右を上手、左側を下手と呼んでいます。

宝塚歌劇団の演出家、正塚晴彦さんに面白い話を聞きました。主人公は上手から登場して脇役は下手から。主人公にとって善いことは上手側から、悪いことは下手側から起きるように演出するそうです。もちろん、あくまで、舞台のストーリーに支障がないという前提です。

上手、下手という概念は、日本では、出演者が出入りし、花道を作る下手と、そこから見ると舞台の奥になる上手という考えから生まれたようです。実は左側に大切なもの、自分より立場が上の者を配置する習慣は、日本だけに限らず、世界中に存在します。その発祥はギリシャ・ローマ時代といわれています。さまざまな歴史家や舞台研究家がそのルーツの仮説を立てていますが、ハッキリとした結論には至っていません。いまのところ、最も説得力があるのは、人間は心臓のある左側に大切なものを置きたがるから、という仮説です。

理想のプレゼン

もし、本当に自由なスタイルでプレゼンができる環境があったなら、次のように行えれば理想です。

あなたは、クライアントなど、出席者の右側（上手）から登場し、スクリーンが中央にあるなら、その左側（下手）に立ちます。プロジェクトを言葉で説明したあとに、スクリーンに画像を投影します。そしてまた、あなたが説明をして、画像や統計グラフなどが投影されていく……。

これが古来から行われている伝統にならった方法です。そうすれば、人は文章を読むように左から右へ流れる進行や、プレゼンターとプロジェクトの優先度を、潜在的に、自然に判断することができます。昔と現代のプレゼンや舞台演劇の違いを強いて挙げるならば、ギリシャ・ローマ時代などでは、太陽の光が顔に当たるように南を向いてプレゼンしていたぐらいでしょう。

エンゲージリングは自分のプライベートエリアで

ものを示す位置

マジシャンは、シルクハットの内側を観客席に向け、中身が空であることを示します。指をパチンと鳴らし、シルクハットに手を入れると、中から白いウサギを出して見せます。マジシャンは観客の拍手に応えて、少しウサギを高く持ち上げ、軽く頭をさげます。

一九世紀から二〇世紀ごろのマジシャンを紹介する本やイラストには、こういったシーンがたくさん描かれました。いくつかのマジックの解説本のページや正確な描写をする絵画やイラストを見ると、マジシャンにとって「何をどの位置で示すのか」が重要であったことを見て取ることができます。

このウサギの出現のマジックでは、取り出したウサギを軽く高く持ち上げることにより、トリックの効果を高めました。ウサギは、高く持ち上げられたことにより、足をバタバタさせます。観客は、そんな暴れん坊の動物が帽子の中に隠れていたようには思えないからです。

しかし、観客はウサギが暴れているという理由だけで、マジシャンに拍手するわけではありません。マジシャンやそのほかのエンターティナーや演出家は、身体のどの位置でものを示し、どんなふうに振る舞うかで、観客がどう意味をとらえるかを熟知しています。

それは、劇場の舞台の上だけのことではありません。日常生活の中でも、何をどう示すかで相手の印象は変わります。とくに相手に何かをプレゼントするときは、相手は、その品物の中身とその意味について敏感になります。

プレゼントの種類

世界中で、「有名ブランド」と呼ばれるバッグや宝石などがプレゼントとして人気があります。これは品質の高さ以上に、外箱や包装紙のデザインが記号として多くの人に認知されているからといえるでしょう。現代では、プレゼントを渡す回数は昔よりも増えました。そのうえ人々は忙しく、何軒も店をまわって相手が気に入りそうなものを品定めする時間はほとんどありません。それよりも、相手が好きなブランドショップに行って、自分の予算に合った品を見つくろってもらったり、相手が欲しいと思っているものの品番をいうほうが簡単です。もらうほうも、独特の色に染まった紙袋を一目見たり、ロゴマークを見れば、それが上質で洗練された品物であることを中身を見る前に知ります。

一方、「人にものをプレゼントする」という流儀の王道を行く人もいます。そんな人は、一年に一度のプレゼントを探すことに信じられないほどの時間をかけます。老舗ブランドのものを選ぶこともありますが、選んでいるうちに日数がたってしまいますから、毎年発表される新作ではなく、ブランドが創業してから売られている定番のものに限られます。しかし、プレゼントとして選ばれる、ほとんどの品物は人にあまり知られていなかったり、どこで売っているのか見当もつかない民族楽器だったりします。そんなことをする人は現代では稀少なのかもしれません。

プレゼントの渡し方

ブランド品であっても民族楽器であっても、相手にプレゼントを渡すときにプライベートエリアのどの部分で渡すかによって意味が変わってきます。たとえば、相手に受け取るか、受け取らないかの選択権があるもの。プロポーズと同時に渡すエンゲージリングなどは、相手のプライベートエリアの中に差し出せば、熱意ある気持ちを表現します。その半面、やや強引さを感じるかもしれません。自分のプライベートエリアの中で相手に示せば、慎重さや熟慮した結果であることを伝えます。同時に、優柔不断のイメージを与えるかもしれません。

プレゼントという行為の本質は、単なる品物の授受ではありません。自分の相手に対する気持ちを形にして渡したり、相手を喜ばせたいという好意や、必要としているものを差し出す救援など、目的はさまざまです。

●涙を拭くハンカチなど（軽い気持ちの表れ）

まず、自分にとっては無価値でも、相手にとっては価値があるものの渡し方を考えてみます。言葉にすると不可解ですが、たとえば、相手の涙を拭くハンカチを渡すことを思い浮かべてもらえば理解しやすいかもしれません。相手が思わず涙を流したときに、あなたが清潔なハンカチを持っていて、それを相手に差し出すとします。もし、恩着せがましくハンカチを渡すと、ハンカチを汚してしまうことを遠慮したり、相手がハンカチをすぐに出せないことを恥じてしまうかもしれません。ですから、このようなケースでは、軽く肘を伸ばして、相手のプライベートエリアの中に差し出します。強引に手に持たせたり、いきなり相手の頬の涙を拭くのは、相手が子供や配偶者でなければタブーです。

海外で手渡しをするチップや、旅館などでの心付け、自分では使わない時計や、予定が入り行けなくなったチケットなども同じです。「自分にとっては価値が低く、相手にとっては価値がある」というのは、実際に少額なチップや安物のハンカチという意味ではなく、それが自分のイニシャルが刺繍された麻のハンカチや多めのチップだとしても、そう振る舞うことが大切です。そのほうが相手が気持ちよく受け取れますし、傍からもスマートに見えます。

●おみやげ（ニュートラルなギフト）

旅行帰りや、訪問先へのおみやげなど、高価でも安価でもないニュートラルなギフトなどは、相手に差し出しすぎると、押し付けがましく、安っぽく感じることがあります。相手と自分のプラベートエリアの中間で渡すとスムーズです。「たいした品ではありませんが……」という常套句があるので、そういったギフトを軽々しく渡すのがいいと思っている人もいます。しかし、この言葉は本来「あなたは立派な方です。どんな贈り物をしても立派なあなたにはふさわしくありませんが……」という礼儀から生まれたことを新渡戸稲造がその著書の中で指摘しています。

●指輪など（大切なプレゼント）

自分にとっても、相手にとっても価値のある大切なプレゼントは、自分のプライベートエリアで相手に示してから、相手に差し出すのが効果的です。婚約指輪、記念品など、人生の中で意味のあるプレゼントを渡す場合などが挙げられます。

指輪であれば、自分の正面でケースを開けて相手に見せ、そして相手のプライベートエリアの中に差し出します。もし、リボンや包装紙に包まれたまま相手に渡したければ、自分のプライベートエリアの中でプレゼントの意味を伝え、相手に差し出します。


私自身は、ギフトの包装は直接手渡しできないプレゼント用、たとえばツリーの下のクリスマス・プレゼント（サンタクロースは多忙のため直接手渡すことができない）や郵送するプレゼントのためだと思っていますので、直接渡す場合は、外箱にリボンぐらいにしておきますが、これは個人的な好みの範疇《はんちゅう》だと思います。

自分のプライベートエリアで示した後に、相手に差し出す渡し方は、世の中の主流の渡し方ではないように思えるかもしれません。しかし、いろいろなオフィシャルなシーンを思い浮かべてください。表彰式では、プレゼンターが表彰状に書かれた内容

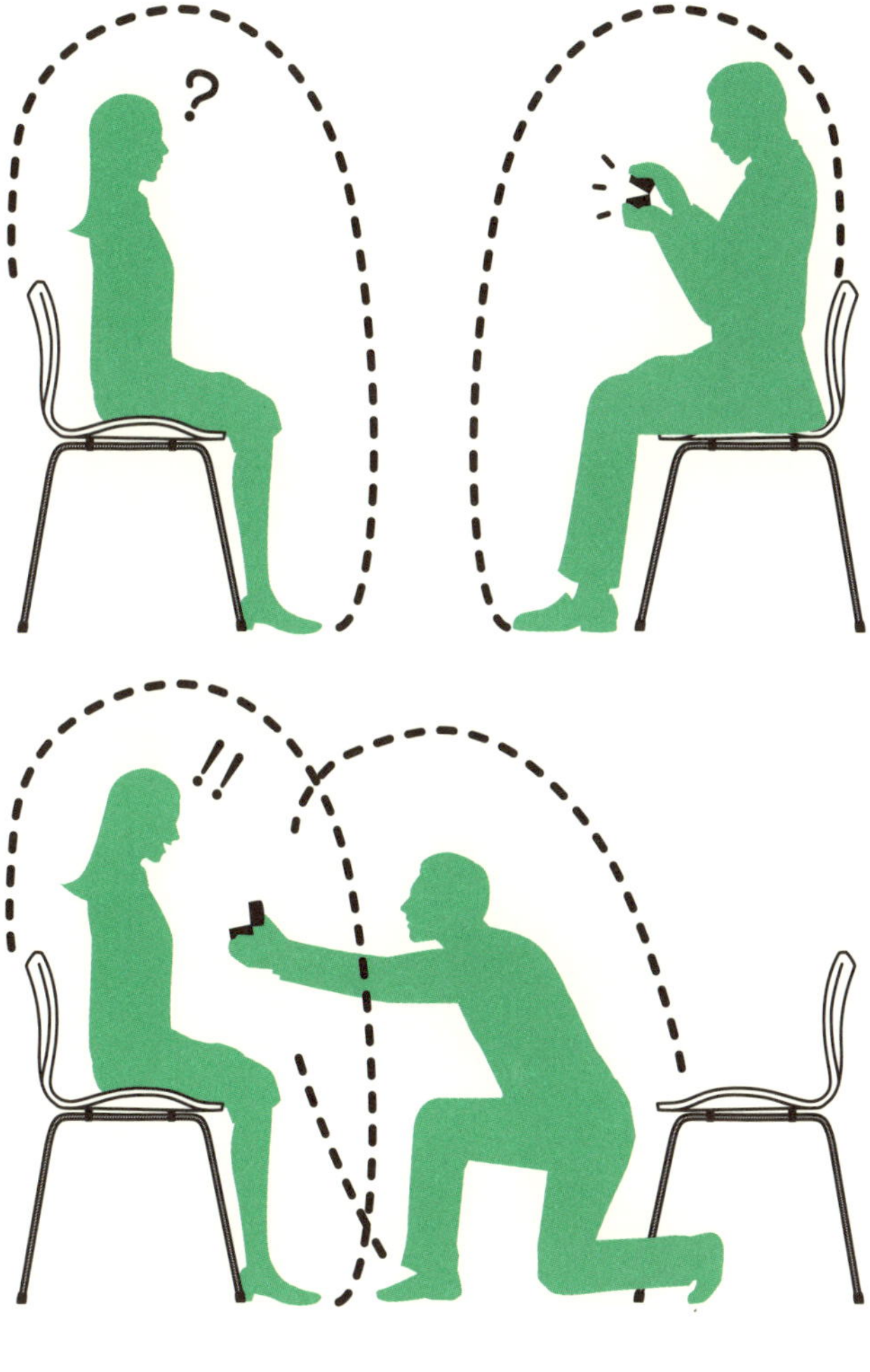

を自分のプライベートエリアで読み、受賞者に差し出します。ワールドカップなどでも、トロフィーは主催者のプライベートエリアを象徴した場所やガラスケースなどに展示され、優勝者に渡されます。プレゼントが特別な意味であるからこそ、渡す側が大切に扱うことが相手への尊重につながります。

しかし、「これは高価なもの」と相手に言葉で伝えることは、スマートな方法ではありません。

自分にとって価値のあるものは自分の身体に近いプライベートエリアの内側から、自分にとって価値の軽いもの（繰り返しますが、安価という意味ではありません）は自分の身体から遠いところに差し出すと、相手に意味が伝わりやすくなります。逆に渡すと相手に思わぬ誤解を与えるかもしれません。

いずれのケースでも、渡すときは相手の顔の前には差し出さず、相手の肘の高さくらいが受け取りやすい位置のようです。

大切なものを貸すとき

いつも使うペンなどの事務用品を、誰かに貸していて必要なときに見当たらないことがあります。高価なものではないので、借りる側はなんとなく借りて、どこかに置き忘れたり、無意識のうちに自分のペン立てに戻したりします。

こうしたことを防ぐために、ペンに名前のシールを貼ったり、貸すときに「必ず返してくださいね」と念を押す人も中にはいますが、そんな行為が相手を見くびったように思えて遠慮する人が少なくありません。確かに、何かに集中すると、うっかりペンを忘れてしまうこともあるのですが、持ち主に「必ず〜」などと念を押されると、少し子供扱いされた気分になることもあります。

また、一見、価値のないものに見えても、その持ち主にとっては大切なものもあります。何気ないペンが自分にとってのお守りであったり、思い出の品であることもめずらしくありません。大切である理由を相手に説明しにくい場合もあります。

どうしても返してもらいたいものや相手に大切に扱ってもらいたいものを貸すとき

は、自分のプライベートエリア内側で渡すと、それが自分にとって大切なものであることが伝わりやすくなります。具体的には、相手に近づき、自分のプライベートエリアの中でペンを渡します。

ただし、この方法は、「貸すという行為」や「貸す対象（相手）」を大切に思っているようにも伝わるので、相手を選んで振る舞わないと誤解を生じることがあります。

まぁ、大切なものを嫌いな人に貸すことは少ないと思いますが……。

3

空間を測る

恋人たちの幾何学模様

夕暮れ時の鴨川

タレントの松尾貴史さんに面白い話を聞いたことがあります。関西にある鴨川は、有名なデートスポットで、夕暮れ時から夜半にかけて多くの恋人たちが川岸に集まるそうです。興味深いのは、そのカップルの座る間隔が見事に等間隔だということ。カップルが増えれば、お互いの距離は縮まるけれど、再び、等間隔に調整される。壮観な眺めで一見の価値ありと、松尾さんに勧められました。

これは、プライベートエリアが人の密度に依存するという、とても興味深い例です。個人は個人としてプライベートエリアを持っていますが、その一人が二人になりカップルという単位になると、その二人が一つの人格を持ちはじめ、他者に対してプライベートエリアを主張しはじめます。

プライベートエリアが作り出した等間隔で並ぶ人の幾何学模様には、一つの法則があります。広場といった平面に広がる空間では、前後左右の人から、ほぼ等間隔で距離を置くように分布します。たとえるなら、豆をまいた感じです。

こうした特性を利用して、航空写真などを使い海水浴客などの人出調査などに使われることもあります。写真に撮影された数千~数万人を数えるのは大変です。簡単に説明すれば、サンプルとして一部の領域内での人を数え、サンプルから全体の人数を導き出します。

Google Earthというコンピュータのアプリケーションがあります。インターネット回線を利用して、世界中の航空写真や衛星写真をシームレスに見ることができます。世界的に有名な観光地、たとえばベルサイユ宮殿（48°48′15.86″N、2°7′23.38″E、検索用の緯度経度）などを見ると、観光客など、人々がどんなプライベートエリアを持っているかを知ることに役立ちます。

宮殿内へ入場を待つためであろう人の列はほぼ等間隔で繋がり、宮殿前の広場では、スイカなどの果物を縦に切ったときのタネのように、中心線に向かって密集して分布していいます。記念写真の撮影などのために人々は広場の中心線に沿って集まりますが、それでもお互いの間隔を等間隔にとりながら、きれいに分布していることがわかります。

壁際が人気の理由

人間は背後や前面に他人が立たない場所を好みます。壁に寄りかかって人を待ったり、植え込みの前にあるベンチ、海や山、川などを望む場所に座って他人とのコミュニケーションを遮断することもあります。

こうした場所、壁際に沿って立つ人や、植え込みの前のベンチ、川縁などでは、人と人との間隔は、平面的に分布するのではなく、直線上にほぼ等間隔に並びます。

プライベートエリアを他人に侵入されることにナーバスな人は、他人が近くに立つ可能性のある場所では、壁などに寄りかかって背後を防ごうとします。さらに、前面から侵入されにくいように文庫本を読んだり、携帯電話を操作してメールチェックなどをする人もいます。注意して街を見回してみれば、ビルの入り口などに立つ大きな四角い柱のすべての面に、人がもたれかかっている光景は、そんなにめずらしいものではないことに気がつくでしょう。

混雑していない電車の車両でも、ドアに向かって立ち、外の景色を何気なく見たりするのは、考え事に没頭したいときや、他人と関わりたくない気分のサインでもあります。混雑しているときには確保できないプライベートエリアを、他人から一定の距離を保つことで安心を得ようとします。

公共のスペース、美術館の中庭や、ターミナル駅の待ち合わせスポットなどでは無意識のうちに、こうした見えないルールでお互いを干渉し合って自分の場所を決めることが多くあります。

ものは主張する

座席の上のジャケット

開演前の映画館で座席の上に置かれたジャケットなどを見ると、誰かが席を確保していると想像します。図書館などでも、机にペンやノートなどが置かれているのを見れば、その机は使用中だと判断します。

もしかしたら、隣に座っている人が、たまたま、もしくは他人に座られたくなくて、わざとジャケットを置いたのかもしれません。それでもそのジャケットは、誰かのプライベートエリアであることを示す記号になります。もしジャケットの上に誰かが手を触れたりすれば、その持ち主は自分の身体に触れられたように不快に感じることでしょう。

赤いカードの予言

ところで、マジックでは、ショーの最中に観客に触ってほしくない道具というものがあります。シカケのあるものや、マジックの効果をドラマチックにする瞬間に備えているものです。触ってほしくないのなら手の届かない場所に置けばいいと考える人もいるかもしれませんが、それではあまりに露骨すぎて、かえって観客に怪しまれてしまうかもしれません。トランプのトリックを例として挙げてみましょう。

観客の目の前に一枚の赤いトランプを裏にして置き、マジシャンの予言とします。青い一組のトランプから好きなカードを観客に選んでもらいます。観客の選んだカードがハートの5だったとします。マジシャンが、最初に置いた赤いカードを表に替えすと、そのカードもハートの5です。マジックは成功して、観客は煙に巻かれます。

このマジックのリスクはいろいろあります。最初に赤いカードを裏向きに置いたときに、多くの観客には、そのカードの表を見たいという欲求が少し生まれます。なかには手を伸ばして表を向けたい衝動に駆られる人もいるでしょう。何しろ、「予言」だからです。あらかじめ宣言されるから予言なのであって、後から内容を提示するのなら厳密な意味では予言ではありません。ですから、観客が手を伸ばしてそのカードの表を見てみたいと思うのはわからなくありません。

しかし、それでは「予言が一致する」というドラマ性が台なしになってしまいますし、観客にショーの流れを乱されてしまいます。途中で結末が明かされないよう、ドラマチックなタイミングに腐心するのは、小説や映画、演劇と同じです。「赤いカードの予言のマジック」では、マジシャンは次のことに注意を払います。

マジシャンはテーブルの上の自分のプライベートエリア内に、赤いトランプを裏向きに置きます。普通はそれで観客に触られる危険は少なくなります。何しろ、マジシャンのプライベートエリアの真ん中にあるからです。さらにマジシャンはこんなセリフを言って観客を牽制《けんせい》します。

「このカードは、最後まで誰も触ることのないようにここに置いておきます。誰かがすり替えたりしないように、皆さんでよく注意して見ていてください」

しかし、それだけでは万全ではありません。そこで、マジシャンは自分と観客の境界線がどこにあるのかを示すために、その境界線上に何気なくトランプの空箱を置いておきます。そうすれば、赤いカードに触られるリスクは格段に減少します。観客が赤いカードに手を伸ばそうとすれば、実際に目に見える境界線の目印、トランプの箱の上を領空侵犯しなければならないからです。

これは、街の中で見かける花壇の垣根に似ています。ほとんどの垣根は、誰かが踏み越えようと思えば簡単にできるくらい低いものです。けれども、その低い垣根は、「この先は手入れをされた庭である」ことを示す記号として、人々に作用しています。

境界線としての記号はたくさんあります。腰の高さの金属製のポールに渡されたロープ、開いたドアの真ん中に立てられた「本日は閉店しました」という看板、駐車を防止するために商店の前の道路に置かれたオレンジ色のコーンなど、動かそうと思えば簡単にできるものが人々の心理に作用して境界線を守っています。

他人の侵入を防ぐ

誰かのまわりを包んでいるプライベートエリアは、その外見によって侵入しやすさを決定します。たとえば、繁華街で派手なスーツ、肩で風を切る強面《こわおもて》に、誰しも近づきたがりません。ものによるもう一つのプライベートエリアもまた同じです。どのようなものを、どんなふうに置くかによって、侵入しやすさが変わります。

マジョリー・F・ヴァーガスの『非言語コミュニケーション（石丸正訳／新潮新書）』の中にリー・モールの調査として、興味深い実験が紹介されています。

ある大学の図書館で行われた実験では、誰もいない席に、

（1）スポーツジャケット
（2）教科書とノート、ペンをまとめておいたもの
（3）きちんとまとめた雑誌類

（4）乱雑に置いた雑誌類
を置き、どれが他人に座られやすいかを調べました。
結果は、（4）の乱雑に置いた雑誌類が最も侵入されやすく、逆に（1）と（2）は実験中の二時間の間、席を確保しているというものでした。

モールの実験が示すように、もし、オフィスなどで自分が席に座っていないときに、机の上や引き出しを他人に触られたくなければ、イスにカーディガンなどをきちんと掛け、机の上を整頓しておくと有効です。「たった、それだけのこと？」と疑問をお持ちになる読者もいらっしゃると思います。そんな方には、次のエピソードを。

割れ窓理論

一九九四年にアメリカのニューヨーク市で、ルドルフ・ジュリアーニ市長の指導で、犯罪学者のジョージ・ケリングが考案した「ブロークン・ウインドウ理論」と呼ばれる理論が実践され、効果を上げました。日本でも多くの新聞などで報道されたので覚えている方も多いと思います。

理論の名前のとおり、無人のビルの窓ガラスが割れていることが多いと、犯罪が起きやすくなるという考え方です。ニューヨーク市は、地下鉄の落書きを消すことや、軽犯罪を取り締まることなどで治安回復に乗り出し、五年間で殺人は六七・五％、強盗が五四・二％減少しました。

日本の札幌のススキノでも二〇〇一年に、その論理を応用して、違法駐車を厳しく取り締まるなどして環境を整え、犯罪率を二年間で一五％減少させたことが報道されています。環境やものが人間の心理に働きかけることの例として、大変興味深い結果です。その理論を実践することが発表されたとき、多くのニューヨーク市民が「たった、それだけのこと?」と思ったのは想像にかたくありません。

本当はたくさんある境界線

銀行の接客カウンターの真ん中に置かれた、新しいサービスを案内するパンフレットやチラシ入れ、レジの前の床に引かれた白い線は、その職種特有のプライベートエリアの境界線を示しています。

人間はスポーツのルールなどから、線の意味を見い出します。子供が何気なく道路に引かれた線の上から落ちないで歩く遊びを発見するのも偶然ではありません。テニスコートの線は変わりませんが、公のプライベートエリアの線はどんどん発展して、ロープをつなぐポールや、道路工事に使われるコーンになります。ものとものとの間に、人は見えない線を心の中で描き、マーキングになる何かを置こうとします。

もし、プライベートエリアを他人に侵入されることがストレスになるのであれば、目に見える記号としての境界線を作ることが役に立ちます。テーブルの上で開かれたラップトップコンピューターや、横に積み重ねられた数冊の書籍や資料、スターバックスの紙コップでさえも境界線を示すことになります。

その場合、注意するべきことが二つあります。一つは、きちんと整理されているということです。書籍や資料であれば、きちんと揃えて重ねられ、花瓶であれば花が枯れていないことです。なぜなら、整頓されていないものは、管理されていないと見なされることが多く、人はそれほど敬意を払いません。

もう一つは、相手のプライベートエリアを十分に確保しておくことです。自分のエリアの狭さの圧迫感を解消するために、相手のエリアに侵入してしまうこともあります。それは、極端に狭い車道に配置された道路工事のオレンジのコーンが、いずれは車に倒されてしまうことと同じです。

水入りペットボトルの大流行

一九九〇年の半ばごろから、「透明なペットボトルを置くと、猫や犬、カラスなどが近づかない」とウワサされるようになり、その方法が大流行したのを皆さんご記憶だと思います。街のアチコチで、水入りのペットボトルが家のまわりに置かれました。

当時はペットボトルという素材自体も目新しかったうえに、誰しも手軽にできて、水の光の乱反射という、なんとなく納得できそうな根拠も人々が興味を持った理由だと思います。野良猫の被害に悩まされる人も多かったのでしょう。

効果のほうは依然として不明ですが、太陽光線の収れん（レンズのような効果）によって火災の原因になったこともあり、現在はあまり見かけなくなりました。

しかし、プライベートエリアの側面から考察すると、あの大流行には、もう一つの理由があるといえます。プライベートエリアは見えない境界です。見えないがゆえに人々は不安になったり、トラブルを起こしたりします。土地であれば、境界杭と呼ばれる、目立たない標で確認できます。

誰もが、心理的な境界線、自分の土地ではないけれど、落ち葉や風に吹かれたゴミや雑草を掃除をするスペースのような、「自分の心の縄張り」を持っています。

子供のころには、地面に線を引き「おまえは、ここから入ってくるなよぉ」と真剣にいうこともできたのかもしれません。しかし、分別のある大人はそうもいきません。公共の場所や他人の土地に柵を作ることも線を引くこともできないからです。

水入りペットボトルが公共のスペースをはじめ、町中に置かれたのは、誰も侵入してほしくない、心の境界線の記号を求めていた結果だともいえます。目に見えない透明な場所「心の縄張り」に、同じように透明なペットボトルが境界線として置かれる。それは不可解なものとして街中にマーキングされ、姿を消すことになりました。

警戒厳重なマジックショー

領域を分ける

ラスベガスのホテルのショーに出演していたときのことです。ラスベガスには、そのほかの都市にあるホテルとは明らかに違う部分があります。遊び好きな人はご存じだと思いますが、それはカジノがあることです。このため、ラスベガスのホテルでは厳重な警備がなされています。古くからあるホテルでは、マジックなどのショーを行う劇場部分がカジノのなかにあり、ほとんどの通用口のドアはオートロックになっています。さらに悪いことに、その鍵を持つ人が限られていますから、近くを通りかかった従業員に気軽に開けてもらうわけにもいきません。

たしかに、高額な現金を扱う場所ですから理解できなくもありませんが、ショーに出演する側にとっては、大変面倒だったのを覚えています。少し空腹なので劇場を出てレストランでランチを……なんてことになると、完全に閉め出されて、自分のショーに出られなくなってしまいます。

これは、ラスベガスやモナコだけの話ではありません。日本でも、銀行や美術館、貴金属店、ハイテク企業などでは、防犯や機密漏洩防止の理由から、領域を分ける措置、ゾーニングがとられています。通常、ゾーンの境界線には、物理的に侵入されにくいだけでなく、心理的に侵入する気分にさせない壁やドアなどがあります。具体的には、ワイヤーの入ったガラスや暗証番号を入力するパッドのついたドア、制服を着た警備員の配置などです。普通は、誰が見ても理解しやすい形になっていると思われているゾーニングですが、それだけではありません。

子連れでラスベガス

人間の心の無意識領域に働きかけるゾーニングもあります。先に述べたカジノでは、未成年者（アメリカでは二一歳未満）がギャンブルをすることが法律で禁じられています。しかし、近年のラスベガスのアミューズメント・パーク化により、子供連れでラスベガスにやってくる家族は増加傾向にあります。レストランや劇場に行くだけの人々も、スロットマシンやルーレットテーブルなどを縫うように通らなければなりません。子供たちや未成年者は、ピカピカに磨かれたギャンブルの機械に近づく欲求に打ち勝てるでしょうか。

実は、カジノでは、通路のゾーンと、ゲームを楽しむためのゾーンのカーペットの色や模様を変えてあります。そこには柵もなく、未成年者立ち入り禁止のサインもありません。カーペットの色が変えてあるだけで、なんとなく雰囲気が違うという感覚を大人にも子供にも生み出しています。

カーペットの色分けは、未成年者を保護する目的だけでなく、非常時の避難路をしめす効果もあることから、多くのカジノに採用されています。

もちろん、色分けされたカーペットを踏み越えてしまう子供がいないわけではありません。しかし、そうした場合でも係員が「この色のカーペットの場所は入ってはいけない」という、子供や家族にも理解しやすい言葉で伝えることができます。

3 空間を測る

ゾーニングとは何か

先に説明したマーキングとゾーニングの違いは、そこに境界線となるものが置かれているか否かです。ゾーニングの場合は、気軽にオフィスなどで実践するというものではありません。しかし、あなたが経営者であったり、オフィスの配置換えをする権限を持つ管理職なら実践する価値は十分にあります。

一番小さい単位のゾーンは、本書で繰り返し述べているプライベートエリアに相当します。オフィスなどで座って仕事をしている人ならば、通路を含めないで、1・5～2㎡ほどが標準です。しかし、一方または二方が壁に面しているか、通路がどれくらい確保されているかなどで変わってきます。

ゾーニングの次の単位は、セルと呼ばれるグループです。次に大きいのは部署になります。業種や会社規模によって人員は異なりますが、部署はグループを内包し、グループはセルを、セルは個人を内包します。そのどのサイズでもゾーン分けすることにより、受付でもない人が来客の対応をするなど、余計な雑用にとらわれず、作業効率が上がります。もう一つの考え方として、部外者が入れるゾーンと、許諾者が入れるゾーンを分ける方法もあります。いずれにしても、部外者、許諾者のプライベートエリアが基本単位になります。

エンターテインメント・ビジネスでいえば、劇場ではバックステージと呼ばれる出演者やスタッフのゾーンと観客のゾーンは厳密に区切られていて、バックステージドアと呼ばれる金属製のドアの前には、開演中は誰かが立ちはだかり、熱狂的なファンを遮っています。ホテルなどでのショーの場合も、出演者やスタッフが通る動線は来場者や宿泊客とまったく異なります。

マジシャンのベルベット

ものを置かずに、ゾーンをコントロールするには、いろいろな方法があります。それらは、そこを通過する人に、意識的、無意識的に影響を与えます。

最も多く使われているゾーニングの方法は、色分けです。先に挙げたカジノの例のように、床の色や壁の色に変化を持たせる方法です。これはなにも、真っ赤や原色の青といった、ビビットな色分けをする必要はありません。微妙な色合いの違いであっても、人は差異を感じ取ります。最近は少なくなりましたが、パブリックなスペースにあるトイレのタイルの色は、男性用には薄い水色、女性用には薄いピンクが使われ、入り口の表示を見間違った人へ注意を喚起します。

もう一つの方法は、ステップで分ける方法です。数センチから数十センチ床を高くしたり、低くしたりします。バーやレストランなどでのカウンターの内部が、客席の床面より少し高くなっていたり、低くなっていることもあります。これは内側からサービスがしやすという理由もかねて、サービスする側とされる側の境界を表しているといえます。そういった境界線では、酔った客が間違って入って段につまずかないように簡単な扉がついてることがほとんどです。

そのほかにも、机やイスなどの配置の向きで分ける、照明の明るさで分けるなどがあります。サミットなどで宴席が開かれる場合、会場となるホテル裏側の通路では、スタッフや秘書、警護などがせわしなく動き回ります。そういったとき、混乱を避けるために、通路の床の真ん中に、赤、青、黄、緑などの色とりどりの太いテープが一時的に貼られることがあります。食事を運ぶサービスのスタッフの通路は緑、厨房のスタッフは青の線を通るといった具合です。

こうした手法は、オフィスだけでなく、自分の駐車スペースが自転車や誰かにたびたび占領されてしまうといったことにも有効です。

マジシャンが使うテーブルの表面に手触りのいいベルベットが貼ってあるのは、理由があります。そこが特別な場所であることをすぐそばで見る観客になんとなく感じてもらうためです。そのベルベットに触れることができない観客も、その光沢や色などで、そこで不思議なことが起きるのを事前に知ることができるからです。

一人6㎡の権利がある

高い机、重いドア、狭い通路

建築家やデザイナーは、形や色が人間に心理的影響を与えることを経験的に知っています。ものと人間の距離が、回転率を上げたり、トラブルを避けるために専門家に研究されることもあります。

多くのファミリーレストランでは、テーブルの高さが家庭や通常のレストランより高い位置になっています。これは、料理と食べる人の口との距離を短くして、料理の温度が変化しないように提供したり、食事のスピードを速くして顧客の回転率を上げる効果があります。そのうえ、テーブルが高いことにより、従業員がテーブルを拭くための肉体的な負担をさけ、テーブルの上の小さなゴミを見落とす確率を小さくします。

ものの形やサイズは人間の行動や心理に影響をおよぼします。そういったものに影響を受けるのは、プライベートエリアも同様です。

たとえば、鍵のついた金属製の重いドアは、プライベートエリアを希薄にします。重いドアを通り抜けることにより、不審者がふいに侵入できない環境に安心感を覚えます。本来、プライベートエリアの機能が、身の安全を守るためということを考えれば、厳重と思えるドア、塀、壁などに守られることによって、気を緩めるのは当然のことといえます。こうした理由から、古くはヨーロッパのプライベートクラブなどでは、重く厚い扉を好んで使いました。そのドアを開閉して入ることにより、プライベートとパブリック、個と社会を精神的に切り替える効果がありました。

狭く長い通路は、横方向のプライベートエリアを狭くするかわりに、前後のプライベートエリアを拡大します。夜に地下道のトンネルなどを抜けるとき、後ろを歩く人が気になったり、前から来る通行人に恐怖感を感じたりするのはこうした理由からです。高い塀に囲まれた細い道でも、同じような心細さを感じたりします。

オフィスは一人6㎡

オフィスを設計する建設会社やオフィス機器の製造会社などで作られる社団法人ニューオフィス推進協議会によると、従業員一人当たりのオフィスの必要面積は6㎡とされています。

一〇〇人のオフィスワーカーがいるフロアならば、600㎡の面積が必要なことになります。これは、通路や会議室など、オフィスに付随するスペースを含めた数字です。乱暴にいってしまえば、オフィスで働く人は6㎡を利用する権利を持っています。

もちろん、この数字はあくまで推進される面積ですから、これより広い面積を持つオフィスもあれば、狭いオフィスもあります。狭くても自分のプライベートエリアを確保できる快適なオフィスもあれば、十分なスペースがあるのに自分のプライベートエリアが圧迫されているように感じることもあります。プライベートエリアに不足を感じ、ストレスを受けてしまうのは、もののデザインや配置が影響をしているのかもしれません。

ハイバック・チェアが人気の理由

最近人気のオフィス家具に「ハイバック・チェア」というものがあります。名前のとおり、背もたれが高いイスのことです。しばらく前は、ハイバック・チェアに座るのは、それなりに立場のある人、大学教授や病院長、裁判官などとされていました。法王や元首、国王の座るイスの背もたれは大変大きく豪勢に作られています。物騒な時代には、そうした人々は敵も多く、背後から命を狙われないためだったのでしょうが、現在はシンボリックな形として残っています。

しかし、オフィスで多く使われるようになったハイバック・チェアの長い背もたれには、背後からの邪魔を気にせず仕事に集中できる効果もあります。背中が背もたれに触れる感覚から、背後を守られているという安心感を無意識のうちに得られます。

パーテーションなど目隠しとして使うものは、オフィスの壁面と同色、もしくは似た色のものにするとよいでしょう。前方に使うよりも自分の背後や側面に使ったほうが安心感が保てます。同じように、パソコンのモニターも、業種にもよりますが正面に置かずに、斜め、もしくは横に配置することにより、自分のプライベートエリアを広げることに役に立ちます。

逆に、自分のプライベートエリアを圧迫するものは、自分が管理していないビビットなカラーのファイル、整理されていないプリントアウトされた紙やパンフレット類などの資料、パソコンなどからのびるまとまっていないコードなどです。管理されていなかったり、整理のつかないもの、他人の持ちものが自分のプライベートエリア内にあると、ストレスに感じることがあります。

もし、居心地が悪いオフィスだと感じる方は、上司に相談してみてはいかがでしょうか。

4

「空気」を読む

「距離感」と「振る舞い」が伝える二人の関係

「俳優の仕事」とは何か？

私のマジックの先生はアメリカ人で、マジック以外に多岐にわたる事柄に詳しく、東洋的な思想にも強い興味を持っています。私の質問に対して、時には禅問答のような受け答えをすることがあります。

数年前に、ステージでのマジックの話から、舞台での俳優の仕事についての話題になりました。私が舞台で俳優がするべきことについて質問をすると、先生は「舞台俳優の仕事で大切なのは、セリフを忘れないこと。そして、舞台から落ちないこと、かな」と真面目な顔をして答えました。

もっと専門的で技術的な話、たとえば「どうしたら観客をひきつけられるか？」といった答えを期待していた私は、大いに面食らいました。けれども、禅問答のような会話を好む先生ですから、その答えにはヒントが隠されています。

日本語でいえば「紋切り型」、英語でいえば「ステロタイプ（鉛の活字の意味で、典型的なとか、型にはまったという意味）」といった決まりきった演技の方法論はないと、先生は言いたかったのかもしれません。現代演劇の父といわれるスタニスラフスキーによれば、実際に登場人物の気持ちを感じることが重要で、昔からの紋切り型は現代演劇には不要であると断言しています。

舞台の上の俳優の演技は虚像であることは確かですが、観客にストーリーや登場人物の心情に感情移入してもらうためには、本物に見えなければなりません。それは、セリフをどういうかということだけでなく、舞台上の空間をどう使い、どう振る舞うかによって感情を観客に表現します。

しかし、いくら本物に近い振る舞いだとしても、映画の場合はカメラからフレームアウトしたり、舞台であれば観客から見えなくなってしまえば、本末転倒で意味がありません。やはり先生がいった「舞台から落ちないこと」は重要なアドバイスなのかもしれません。

二人の関係を見抜く

二〇〇六年度のアカデミー賞で、監督賞など三部門を受賞した米国映画『ブロークバック・マウンテン』のなかでも、セリフをいうでもなく、ただ、振る舞いやプライベートエリアによって二人の主人公が特別な関係であることを雇い主に見抜かれてしまう印象的なシーンがあります。

心理学者でもない観客が、セリフもなしに人間関係を見抜いたりするのは、映画のなかだけの話ではありません。日常で、友人どうしや同僚どうしが恋愛関係になったり、仲のよかった二人が険悪な関係になったことを見抜くのはめずらしいことではありません。見抜いた理由を尋ねても「なんとなく」や「雰囲気で」という答えが返ってくることがほとんどですが、人々は無意識のうちにプライベートエリアの変化を感じ取ります。

恋愛関係にない二人が親密な距離感、恋愛としてのプライベートエリアに入ることが続いたり、恋愛にあるはずの二人が他人としてのプライベートエリアを保っていると、周囲の人に違和感を与えます。公私の距離感を厳密に保てる人もいますが、多くの人はそうではありません。会話とは違い、距離感や振る舞いをコントロールすることに慣れていないからです。

言葉以外のパラ・ランゲージ

誰かとコミュニケーションをとるとき、「デートに行こう」とか「お腹が減った」などと相手に話しかけます。なかには、無言で茶碗を差し出すことによって、意思を伝えようとする人もいるかもしれませんが、ほとんどの場合、人は言葉で何かを伝えようとします。発言する側は、相手に意思が伝わると、自分の発した言葉が正しかったと思います。しかしそれを相手は、言葉だけでなく、声の質、声量、スピード、顔の表情など、さまざまな情報から相手の気分や意思を判断しようとします。

もちろん、コミュニケーションとして、プライベートエリアもパラ・ランゲージに含まれます。だからこそ、新しい恋愛感情や、壊れてしまった人間関係が周囲の人に知られてしまうことになります。

もし、そのことを周囲に知られることによって、新たな悩みのタネが増えそうであるなら、対策を講じる必要があります。まず、プライベートエリアなどの言葉以外のパラ・ランゲージが周囲に情報を伝えているということを知ることです。普段の自分のプライベートエリアが、親しい人だとどれくらいの距離か、知人の場合はどのくらいで、他人のときとどれほど違うのかなどです。環境や気分でどう変化するのかを知ることも大切です。

次に、ほかの人がどんな距離感でコミュニケーションをとっているのかも観察してみてください。プライベートエリアを意識してコントロールできるようになれば、より正確な自分の意思を周囲に伝えることができるようになります。これは恋愛関係に限った話でありません。言葉でのウソを見抜くのにも、少しだけ役に立ちます。

空気はウソをつけない

連続した空間

インサート・ショットという編集の技法があります。テレビや映画などで使われるこの方法は、マジックなど、撮影中に撮り漏れたシーンを後で別に撮影して、それを取り混ぜて編集する手法です。

たとえば、「観客の一人がカードを選んで、マジシャンがそのカードを当てる」というトリックがあります。まず、カードを選んだゲストが見て覚えます。普通は、それでマジックが進行していくのですが、テレビ番組では、もう一つ重要な部分があります。そのカードをカメラに向けて、視聴者にも見せる必要があるからです。そうでなければ、テレビを見ている人たちは、自分たちが置いてきぼりにされたことに憤慨してチャンネルを変えてしまうかもしれません。しかし、ゲストがマジックに熱中するあまり、カメラに見せるのを忘れてしまうことがごくたまに起きます。

そうしたとき、いったんカメラをストップして、ゲストにカードをカメラに見せるようにディレクターが指示を出し、またマジックをやり直す方法があります。しかし、そのまま番組を進行させ、先ほど説明したインサートショットで対応するほうが時間の節約になります。けれども、視聴者のなかには、後から撮影された別のシーンの空気感の違いを感じる人もいます。

マジックではなくとも、視聴者にスタジオの自然な空気感を伝えるということを好む出演者も多くいます。「徹子の部屋」の黒柳徹子さんは、収録中にカメラを止めることを嫌い、放送上でCMが入るときは、同じ秒数の休憩をいれるスタイルで番組を続けています。堺正章さんの料理番組では、本当にその料理を作りながら収録をするので、三時間かかる煮込み料理ならば、それだけ時間をかけていました。

このような人たちが大切にする「自然な空気感」とは一体なんなのでしょうか。

空気感とプライベートエリア

多くの人に知られているように、コミュニケーションはキャッチボールにたとえられます。一人がボールを投げて、片方が受け取ります。時には、投げるほうは一人ですが、受け取るほうは複数という場合もあります。そうしたとき、プライベートエリアも微妙に変化していきます。

相手の話に聞き入るあまり、思わず身を乗り出した経験は誰にでもあるはずです。また、恐ろしい話を聞いて、反射的に身体を引いてしまうことさえあります。このように、普段、人は会話の内容に関連して、自分のプライベートエリアを狭くしたり広くしたりしながらコミュニケーションをとっています。

また、初対面の人に会ったばかりのときは、無意識にお互いに間合いを探りながら会話を進めます。そのなかで意気投合をして、お互いの距離が近づいたり、何も同意が得られず、距離が縮まらないばかりか、かえって遠ざかることすらあります。

いずれにしても、お互いの距離感は連続していて、もし、相手との距離と時間をグラフにするならば、なだらかなカーブを描くように会話は流れていきます。

よそよそしい雰囲気とは

人間の暮らす空間は連続していて、いろいろな人とコミュニケーションをとりながら生活しています。人はその直前にまとっていたプライベートエリアを少しずつ引きずりながら、次の新たなプライベートエリアを構築します。

私が子供のころ、父を会社に訪ねていくと、普段とはまた違った空気感の父の姿がありました。父の背広姿は朝夕に目にしているので、その格好に違和感を感じたわけではありません。何か、家にいるときの父とは別の、いい意味での「よそよそしさ」を感じました。しばらく会話を続けると、だんだんと普段のよく知っている父の表情や距離感に戻っていきます。

もしくは、誰かのウワサ話をしていたあと、その本人と対面すると、ウワサのなかに登場する人物との距離感と実際の本人との距離感の調整ができずに、ギクシャクしたり、戸惑ってしまうことがあります。ウワサをされていた本人は、そんな相手の距離感からか、何か気まずい、不可解な雰囲気を感じ取ります。

そんな距離感に敏感な人は、人がつくウソを巧みに見分けたり、直前の行動を見抜いたりすることもあります。

見えないところで誠実であること

先ほど紹介した黒柳徹子さんや堺正章さんは、そうした連続した空気感、カメラに映っていない部分を人が見抜いてしまうことを熟知しているのでしょう。

ベテランと呼ばれる、そうした人たちの誠実さにならって、私も「カメラが回っていないときにマジシャンとして事前に何かを頼んでおく」ということは避けるようにしています。カメラが回っていないときに、あらかじめゲストに「次のシーンでは、トランプのマジックをしますが、カードに触らないでくださいね」などといってしまえば、マジックの失敗は回避できるかもしれません。しかし、マジックをこれから見る出演者はガッカリしてしまうでしょう。そして、その空気感が視聴者に伝わってしまうことが確実にあるからです。

フィクションが教える
プライベートエリア

宮本武蔵の「間合い」

吉川英治の『宮本武蔵』の中に、距離感についての興味深いエピソードがあります。宝蔵院に修行に向かう途中、畑を耕す日観和尚に殺気を感じた武蔵は、その「間合い」を飛び退いて難を逃れます。この場合の「間合い」は、相手の剣が自分の身体に届く範囲のことです。

小説の中のシーンでは、日観和尚は剣ではなく、畑を耕すための鍬《くわ》を握っていたのですが、武蔵はその鍬に殺気を感じたわけです。後に、その殺気は、武蔵自身が発していた強者としての殺気であることを日観和尚に教えられます。

もちろん、これはフィクションです。しかし、良質のフィクションには読むものをストーリーにひきつける十分な説得性と示唆が含まれています。昔から世界中にある距離感のトラブル、武道や騎士道、強者と弱者、身分の高低などによる位置関係は、物語の中だけでなく、いろいろな時代や場所で見いだすことができます。

師の影を踏むべからず

たとえば、古い日本の教え「弟子七尺を去って師の影を踏むべからず」は、尊敬を距離としての態度に置き換えている例です。「岡目《おかめ》八目《はちもく》」という諺《ことわざ》は、傍《はた》で距離を置きながら見ている者のほうが、物事を冷静に考察できることを示唆しています。

イギリスにも「傍観者はゲームの最良の手を知る」という似た諺があります。この「傍観者」の原文の単語は〝Outsider〟で、日本の「岡目」という角度や距離ではなく、境界を起点とした表現を使っています。ヨーロッパと日本との感覚の違いが、とてもよく表れています。

先に例に挙げた「七尺を去って」は時代とともに「七歩下がって」になったり、「三歩下がって」になったりします。私が小言として直接聞いたり、傍で耳にしたことがあるのは「三歩」が一番多かったのですが、時代が過ぎて、現代になり、人口密度が増えると、それに合わせて距離が半分以下になったのが面白いところです。しかし、「三」という数字が入る諺が多いことを考えれば、単純に間違って伝わっただけかもしれません。

いずれにしても、諺が伝えたいのは、人や物事から距離を置くことの優位性です。近代社会では、効率や経済性が重要視されるようになりました。都市集中型のライフスタイルになり、土地価格が上がったことにともない、乗り物を降りた街でも、人と人の距離が急速に縮まり、密集するようになりました。

しかし、さらに考察するなら、「弟子七尺を去って師の影を踏むべからず」と書かれた「童子教」は鎌倉時代からはじまります。鎌倉時代にさえ、精神的、物理的に近すぎる人間関係があったからこそ諺が生まれたのです。近いことがトラブルの原因になることを見抜いた人は、ずっと昔からいたのです。

絵画の中でも

絵画の中に登場する人物がどれくらいの距離で隣の人物に位置しているかで、当時の社会、文化、思想などの状況の仮説が立てられるのはめずらしいことではありません。ダン・ブラウンによって書かれ、全世界でヒットした『ダ・ヴィンチ・コード』では、ダ・ヴィンチの名作「最後の晩餐」に描かれた、イエス・キリストの隣の人物が誰であるのかを熱心に研究する宗教研究家が登場します。

ダ・ヴィンチをはじめ多くの芸術家たちも、現実の世界での人々や、その関係を観察し、それをノートなどに素描することを繰り返しました。それらを作品に反映させることに時間を費やしました。静止した絵画の中や彫刻に人間関係を表現し、それを観る人に伝えることに熱中したことは、多数の資料から明らかです。

多くの人は、作品に描かれた登場人物たちの距離感などを、そのシーンの「雰囲気」と言い換えるかもしれません。それは、意識して分析するというのではなく、感じ取れるたぐいといっていいでしょう。逆に、歴史研究家は、雰囲気という曖昧なものではなく、衣類や背景、描かれた人物どうしの距離やポーズから推測して、登場人物の素性や関係についての仮説を立てていきます。

しかし、研究者ではない普通の人は、登場人物たちの関係や感情をなんとなく読み取ります。こうしたことができるのは、そこに描かれた人々の距離感やポーズで、登場人物の人間関係を判断する観察眼が、ほとんどの人に備わっているからです。だからこそ、描かれた人物の距離やプライベートエリアを見て、登場人物たちの関係や気分を感じることができるわけです。

一枚の名画が、ときどき「国の宝」といわれるのは、美しいという芸術的価値だけではありません。優れた芸術作品は、観る者に作者が意図した感情や人間関係だけでなく、さまざまな要素を伝えます。登場人物どうしの距離、顔、胸など身体の向きや筋肉の緊張が表現されます。そして、画家が表現した登場人物の身体の形を通じて、その時代の文化や人間関係などのバックグラウンドを、私たちが知ることができるからです。

5
見えない相手

踏み込むべきか、踏み込まないべきか

テレビを通じての友人

マジックの番組などが放映されると、毎回たくさんのファンメールをもらいます。番組の感想を放映直後に知ることができるので、出演者としては大変ありがたいことです。すべての人に返事をすることはできずに申し訳なく思っていますが、できる限り目を通すようにしています。

「応援しています」といった内容がほとんどですが、なかには、マジックの質問や人生相談、ラブレターまでいろいろあります。興味深いのは、送り主の距離感の取り方です。友達や家族、恋人のような距離感で文をつづる人もいれば、こちらが恐縮するぐらい謙遜《けんそん》する人もいます。一行だけの本文で「返事ください！」っていうメールもたまにあります。

ファンであったとしても、知らない人からメールをもらうという経験は、はじめのころは、複雑な心境でした。距離感の近さや遠さにビックリしたり、賛美の内容に恐縮したりです。

ファンとのメールが長続きしない理由

ときどき、ファンからもらうメールに返信をすることもありますが、文通のように長続きすることは、ほとんどありません。お互いに距離感がつかめず、どこまで親しくなり、何について話したらいいのかがわからないからです。感想や応援のメッセージに対して、僕がお礼をいって終わってしまうことがほとんどです。

ファンとのメールが長続きしない一番の原因は、距離感の多様さにあるような気がします。こちらからの距離は決まっているけれど、相手からの距離は決まっていないもどかしさが常に存在します。

テレビを見る人々が画面に出演する人物に見いだす距離感は、人それぞれです。きらびやかなスタジオで芸能人を相手にマジックをすることに魅力を感じる人もいれば、マジックのテクニックに対して関心を抱く人もいます。燕尾服ではなく、ネクタイを締めた衣装に、友人のような親近感を覚える人もいるかもしれません。番組を録画してコッソリと一人で観たり、家族や仲間とワイワイと観たりと、楽しみ方もいろいろなのでしょう。

いずれにしても、見ている人は画面の中の人物にさまざまな距離感を覚え、その感覚でファンメールを送ります。テレビの番組でマジックというエンターテインメントを発信して、それを受けた人がメールを送るという形でコミュニケーションが成立していることを考えれば、ごく当たり前の距離感といえます。

声をかけようか、かけまいか

街を歩いていると、ジャケットも着ておらず、手にトランプを持っていないのに、番組などを見てくれた人に声をかけられることがあります。時には、トランプのかわりにキャット・フードを手に取って、レジに並んでいるときに声をかけられると、とても照れくさいのですが、それでもやっぱり嬉しい気持ちになります。

というのも、逆の経験をしたことがあります。数年前にマリ・クリスティーヌさんを偶然に見かけて同じように声をかけようか、かけまいか、悩んだことがあります。彼女は、僕が十歳のころ、はじめて観たマジックの番組の通訳をしていました。世界の一流マジシャンのセリフを次々に訳していく彼女は、子供の私にとってとても輝いて見えました。

あれから数十年経ち、私的な時間を過ごしている彼女のプライベートエリアに踏み込んで、いきなり声をかけるという行為は、私にとっては大変勇気のいることでした。そのことで相手を不機嫌にさせてしまうかも……と、ドキドキしながら声をかけてみると、彼女は、私を知らないにもかかわらず、そしてプライベートエリアに踏み込んだのに、とてもにこやかに、昔の番組のことを懐かしむように応じてくれました。そのときの笑顔の彼女を、いまでもよく覚えています。

同じように、私が街で声をかけられたとき、当時のドキドキしながらも遠慮がちに、彼女のプライベートエリアに飛び込んだことを思い出します。そして今度は逆の立場で、私は知らない人に声をかけられたことを、とても嬉しく思います。

知らないフリをする美学

知らない人のプライベートエリアに踏み込むということもあれば、時には、馴染みのある人のプライベートエリアに踏み込まない、というケースもあります。

あるプライベートなパーティで知り合った年配の女性に、街でバッタリで会ったことがありました。でも、他人のフリをしてスレ違います。おたがいに言葉も交わしません。これはなにも、そのときのマジックの出来がよくなかったとか、その女性が嫌みな観客だったというわけではありません。

実は、社交界には「再会しても、前回のパーティの話はしない」というルールがあるらしいのです。三島由紀夫が、著書の『行動学入門』の中で紹介していて、私はそれを読んではじめて知りました。もし、「先日のパーティではお世話になりました」などというと、そういわれたほうは、一緒にいる友人に対して「いつ」「どこで」「どんなパーティがあったか」、そして「なぜあなたを誘わなかったか」を説明しなければばならなくなります。それはけしからん、というわけです。

しばらくして、その女性と会ったときに、知らないフリをしたことをとても褒めてくれました。私は正直に三島のエッセイに教えられたことを白状しましたが、知らないフリをして喜ばれるという珍しい経験は、このときがはじめてでした。最初は半信半疑でしたが、やはり、そういったルールは有効なのでしょう。

「知っている人だけれど、あえて他人の距離感を保つ」というのは、何か「冷たい」ようなイメージを持たれるかもしれません。しかし、時には、他人の距離をとることで、より共感し合えるというのも、少なからずあるようです。

声だけのコミュニケーション

顔が見えない相手

ラジオの番組のゲストとして、数度、招いていただいことがあります。ラジオですので、もちろん、マジックをすることはできません。「声だけ」というのは少し戸惑いました。しかし、学生のころは試験期間になると、よく深夜ラジオを聴いていたので、出演させていただくことにしました。

ラジオを聴くときに感じるのは、声や音だけ、というのは聴く側のイマジネーションをかき立てるということです。「この司会者はどんな顔をしているのか?」「どういうファッションセンスをしているのだろうか?」など、目に見える情報がゼロなので、いろいろなことを想像します。

実際にラジオに出演してみると、聴いている人の顔が見えないので、不安になります。「リスナーは、この話を面白いと思っているだろうか？」「話すスピードはこれでいいのだろうか……」など心配なことばかり考えます。マジックとは、やはり勝手が違います。

しかし、勝手が違うのはラジオだけではありません。日常的に使う電話であっても、顔の見えない相手と声だけでコミュニケーションをとるのは苦手です。よく知っている家族や友人ならなんとかなりますが、はじめて電話で話す相手だと、どれくらい話が伝わっているかが不安になることも少なくありません。

ギャップというウソ

人は話が通じていないと思うと不安になり、思わず声を大きくしたり、同じフレーズを繰り返して、相手との距離を縮めようとします。そんな状況を説明した「コミュニケーション・ギャップ」と呼ばれる意思疎通の障害は「ギャップ（gap＝隙間、間隙）」という言葉の意味のとおり、距離が足りないことをイメージさせます。実際には、誤解や知識不足、思い込みなどが原因であることが多いのですが、なんとなく相手との距離を縮めると、その障害が取り除かれ、理解が深まるような錯覚に陥ります。

たとえば、電話の相手に自分のいっていることが伝わっていないと感じると、つい声を大きくしたり、受話器を強く握りしめて手が汗ばんだりすることがあります。相手の姿が見えないことや、受話器から聞こえてくる相手の声が片方の耳でしか聞こえず、相手の理解度に対して不安を感じることも理由の一つのような気がします。

二一世紀のストレス、携帯電話

携帯電話が登場したころ、公共の場所、たとえばグリーン車などで大声で話す人などが問題になりました。技術がまだ成熟せず、相手の声が聞きづらかったのかもしれませんし、当時最先端だったものを持っているという、自慢したい気分からだったのかもしれません。しかし周囲でその会話を聞かされる人は、不快に感じることが多かったようです。

携帯電話が登場する前、外出先で誰かと連絡をとるときには公衆電話などを見つける必要がありました。当時、NTTがテレフォンカードを普及させる方針などもあり、街中には多くの電話ボックスなどを見つけることができました。

もともと電話ボックスは、公共の場所でも話す内容が他人に聞こえないというプライバシー保護や、電話機や電話帳を水や汚れから守るために作られましたが、一九六九年に防犯やいたずら防止のために、総ガラス張りのものが登場します。透明なガラスに囲まれていても、その中にいれば、声は漏れず、ドアを閉めればプライベートな空間に変わったように感じて、利用する人は相手との会話に集中できました。

家庭用の固定電話も、玄関先や廊下など、家族からある程度プライバシーが保てる場所にありました。電話が誕生してから長い間、人々は周辺がプライベートな空間であるという習慣のもとに電話を使ってきました。こうして、他人の通話を耳にすることは、聞く側のルール違反であるという認識が生まれます。

携帯電話が普及し、誰かの呼び出し音が鳴ったとしても、広いスペースであれば、他人の通話が聞こえない場所に離れることができます。しかし、移動中の混雑した車両などの場合はそうもいきません。

いままで自分のプライベートエリアだった空間が、他人の通話によって突然侵略されたような気分になります。目に映るものなら、顔を背けたり、まぶたを閉じれば遮断できますが、こうしたノイズには、なすすべがありません。指で耳を塞ぐのも、なんだか大人げないような感じがします。

そういった携帯電話の通話の声が原因でトラブルが相次いだこと、ペースメーカーへの影響が懸念されたこともあり、共用の空間で携帯電話を使うことは迷惑行為という新しいルールが生まれたのはご存じのとおりです。

距離感にわずらわされない便利なツール

メールでのコミュニケーション

携帯電話を持つ子供が増えています。近年の治安の不安定さや、塾やピアノなどのレッスンのスケジュールを考えれば、あれば安心という親心もわからなくはありません。子供が携帯電話を持つ賛否は本書の趣旨ではありませんが、いずれにしても、子供たちは携帯電話が好きで、とくにメールが大好きです。

自分の入力した言葉が画面上で活字になることも刺激的でしょうし、会話よりも手紙に近い感覚から、書き言葉を使う練習にもなるし、相手が同級生や家族であれば、それほど親が制限をしないせいもあるのでしょう。

実は、対面の会話というコミュニケーションは、ある程度のスキルが必要になります。テンポやリズム、相手が理解するであろう言葉の選び方、刻々と変わるテーマに対応していくことも大切です。一度、口から飛び出してしまった言葉は、もう元に戻すことができません。会話での失敗は、誰しもが経験しています。

しかし、メールなら自分の伝えたいことを、ゆっくり順序立てて並べられるので、子供にとっては使いやすいのでしょう。けれども、メールが会話よりも人気がある理由は、相手との距離感が寛容であるからです。

私の話で恐縮ですが、子供のころに電話を使うための多くのルールが存在しました。「夜遅くにかけてはいけない」「食事の時間はダメ」「用件のみを伝え、長電話をしない」など。同様の注意を受けた人も多いと思います。

大人にしてみれば感覚的に判断できることが、子供にはできないので、親が小言をいうのも当たり前です。携帯電話がない時代は、家庭には電話は一回線しかないことが多く、緊急の連絡のために空けておくという必要があったのかもしれません。

けれども、メールであれば、そういった判断力も想像力も必要ありません。なんとなく、寝る前に送信したテレビ番組の感想も、相手が就寝していたら翌朝に読むことができます。相手の都合を考えずにすむからです。そういう意味で、メールというコミュニケーション・メディアは、相手との多様な距離感にわずらわされることなく使えるため、大人や子供を問わず、とても多く利用されています。

クロースアップ・マジシャン流のメールの書き方

そんなふうに、時間や距離感にわずらわされないメールですが、私なりに注意していることがあります。クロースアップ・マジックと同じように、親しい友人であっても、いきなりプライベートエリアに踏み込まないように気をつけることです。メールであっても、距離感への気遣いは、あまり変わらないと考えています。

それには理由が二つあります。一つは、実際に会って話をするときは、相手の表情や声のトーンを見ながら距離感や表現方法を選ぶことができます。しかしメールでは、相手がそのメールを読む瞬間に、どんな気分でいるのかを知ることはできません。そして、自分が想像している親しさと、相手が感じている親しさが、常に同じというわけではありません。

もう一つの理由は、メールはほかの人が読む可能性があるからです。気心が知れた仲ならば、スクリーンに映された無機質なフォントからも、その真意は読み取れます。ユーモアを交えたメールのタイトルや本文も、ほとんど正確に伝えることができるでしょう。しかし、第三者が何気なく、その文章を見てしまった場合、送信者と受信者の関係を誤解して、トラブルを招くかもしれません。

とくに会社のコンピュータとメールを含むすべてのファイルは、その会社の財産であり、社員のプライバシーの対象ではないという考え方が一般化されています。

アメリカでは、一九八五年に大手石油会社の系列会社で社内メールの監視を怠り、不快なメールを送受信させたという訴訟で、会社が女性社員に二二〇万ドルの和解金を支払いました。それ以来、社内でメールを発信するときに「違法行為の防止のため、管理者がメール内容の検閲や監視をする」といった注意喚起の表示がされることもめずらしくなくなりました。日本でも、そういったリスク回避のためのメールの監視はされています。

そんなことをふまえて、私が具体的に、どんな書き方をしているのかを説明します。

5 見えない相手

本文の冒頭につける宛先への敬称は、ほとんどの場合は「様」にします。もし、それが堅苦しい感じがする相手には、平仮名にして「さま」と書くこともあります。ごく親しい友人に限り「さん」を付けます。英語のメールのときは、英文の手紙のルールに準じるようにしています。

本文中での名前の呼びかけは、少し距離感を縮めて、会話のときに付ける敬称をそのまま使います。話し言葉で「さん」と呼ぶ人はそのとおりにして、医師などの専門職の人は本文中でも「先生」などの敬称を付けます。ただ、それだけだと堅苦しい内容になってしまいますので、時には、普段は文語には使わない、口語の表現を交ぜることもあります。

冒頭から親しげな言い回しをするのではなく、現実に会った場合と変わらないよう、少しずつ相手との距離を詰める感覚で、メールを打つようにしています。そして、微妙なニュアンスを伝えたいときは、電話で相手の声のトーンを確かめながら会話したり、できる限り、顔を見ながら話をするようにしています。

「文は人なり」

『ホンモノの文章力』の著者である樋口裕一さんは、「文は人なり」という有名なフレーズは、一八世紀のフランスの博物学者ビュフォンの「文体は人間そのものである」という演説に由来し、本来は「文章の内容は普遍的であるが、文体については書いた人間そのものである」の意味であることを説明しています。

もし、ビュフォンの言葉が正しいのなら、メールや手紙にかかわらず、文体においても、読み手に対してプライベートエリアと似たアプローチが必要なはずです。少なくとも私はそう考えています。

6

プライベートエリアとは何か

プライベートエリアにはさまざまな働きがある

プライベートエリアの働き

本書で説明しているプライベートエリアには、いろいろな働きがあります。その多くは、動物的な本能から派生している働きといえます。しかし、それだけではありません。人間として社会生活を営むことにより経験することや、学習、ルールや習慣によって、プライベートエリアに関する行動が促進されたり、制限されることもあります。人がプライベートエリアを確保しようとする理由は、大きく分類して次の三つです。

●防衛

すべての動物が本能的に持つ、一番理解しやすい働きです。自分自身の肉体や精神を守る欲求です。自分の身体に危害がおよんだり、不快感を味わうのを避けるために、その空間を維持するためともいえます。具体的には、自分に接近した虫などを追い払ったり、その場から離れたりする単純な行動から、他人に対して離れるように懇願や命令をすることもあります。

嗅覚（イヤな匂い）、視覚（暗すぎる、明るすぎるなど）、触覚（チクチクする、ざらざらする、熱い、寒いなど）などの直接的な感覚や、将来に起きうるであろう不快感を避けるために、その原因から離れる行為も含みます。夏に食べ終わった器をすぐに片付けたり、夜中に目が覚めたとき暗闇を避けるためにベッドの横に常夜灯をつけたりするのも同様の働きによるものです。

●明示

自分が所有するものや、配偶者、恋人、子供、ペットなどをプラベートエリアに入れることにより安心や安定を得ようとします。

他人と食卓を囲むときに、グラスや取り皿を引き寄せて、隣の人が誤って自分のグラスのワインを飲まないようにしたり、親しい人のイスの背もたれに手を置いたりして、他人に特別な関係を表現したりします。また、プライベートエリアに入れることによって、特別な関係であることを確認したりします。

映画館などで一時的に離れた友人の席を確保するためにバッグや上着を置くことによりプライベートエリアを拡大するなど、他人に侵入されないようにすることもその一例です。

●連結

プライベートエリアを接触させたり、つなげることで、より深くコミュニケーションをとろうとします。それは、満足感や安心感などを得るための行動です。恋人や友人、家族などと公園の芝生にシートを敷いて座ったり、ガーデン・パーティ、キャンプなどのレジャーやスポーツなどが理解しやすい例だと思います。

この働きの興味深いところは、連結された集合体のプライベートエリアは、他者に対して自分のプライベートエリアと同じように感じることです。たとえば、レストランなどで家族で食事をしているときに、自分の席から離れて座る家族のプライベートエリアに第三者がいきなり侵入すると、家族全員が不快な感じがすることなどです。

本来、プライベートエリアは、個人の身体や精神を守るためのものですが、それが連結されると他者の侵入に対してより過敏に反応することもあります。

働きの移り変わり

プライベートエリアは本能に基づくものですが、環境や学習に応じて変化していきます。

たとえば、満員電車や混雑したエレベーターにはじめて乗る子供の不安は計りしれません。ビックリして動けなくなってしまう子もいるでしょうし、つい涙をこぼしてしまう子もいると思います。自分のプライベートエリアを侵略されるのですから、ムリもありません。

けれども、成長する過程で慣れたり、混雑する理由や我慢する理由の説明を親などから聞くにつれ、外の景色を眺めるなど解決策を見つけだします。混雑した空間では、大きな声をあげたり、激しく動いてはいけないことも教えられます。こうして子供は、自分のプライベートエリアをどのようにコントロールしたらいいかを学んでいきます。

また、大人であっても、酒に酔ってるなどの振る舞いや、ファッションなどの外見で、距離感を保とうとします。工事中の重機のそばを通るとき、できるだけ離れようとするのは、事件報道など情報による回避行動ともいえます。

劇場やスタジオなどにおいては、マジシャンが登場するまでは、観客は前後左右でのプライベートエリアを保つことに気を使います。隣の席に荷物を置いて友人の席を確保したり、前の人の座高やヘアスタイルを気にかけます。しかし、いったんショーがはじまれば、観客どうしのプライベートエリアは連結して「マジシャンと観客全体」といった二者の距離感でショーを楽しみはじめます。

プライベートエリアの働きは、その個人個人の過ごした状況や経験、知識などに左右されることもあります。しかし、私たちはその環境に順応する力を備えています。そして、時にはルールや環境そのものを変化させていきます。

身体の部位によるプライベートエリア

侵入してしまいがちな部位

身体全体におけるプライベートエリアを説明してきましたが、手や腕、胸や頭などのプライベートエリアに分けて考えることもできます。たとえば、隣どうしで並んでいても、頭が前を向いている状態より、相手のほうを向いているときのほうが、相手との距離がずっと近く感じます。同じ距離でも、相手と自分の肩と肩が近いよりも手のひらどおしが接近してるほうが緊張感は大きくなります。

誰かとコミュニケーションをとっているときや、街で誰かとすれ違うときでも、相手のプライベートエリアに侵入してしまいがちな部位があります。

身体のほかの部位に比べ、圧倒的に誰かのプライベートエリアに侵入する回数が多いのは手です。毎日私たちは、手を使ってさまざまなポーズをとり、言葉でのコミュニケーションを補ったり、何かを摑むという行動を繰り返しています。うっかり、相手のプライベートエリア内にあるものに手を伸ばしてしまったりすることも、しばしばです。

ときどき、街などで行列を作ったり、立ち話をしている人々の間を、手刀を切るポーズをとって通り抜ける人を見かけることがあります。これは、あえて手をプライベートエリアに差し入れ、相手のプライベートエリアを切り開く印象を与えるゼスチャーです。似たようなポーズとして、僧侶が念仏をとなえたり、力士がものを受け取るのにも使われているので、相手の領域に侵入することを詫びているようにも見える、日本独特のゼスチャーといえます。

一方、手のひらを開いて、相手の正面に向けて静止や拒絶などを示すのは世界中の多くの民族で共通したサインです。「一時停止」のアイコンというとわかりやすいかもしれません。

手に次いで、相手のプライベートエリアに侵入してしまいがちなのは顔です。これは、身体のプライベートエリアの中で最も大きな領域を持つ、相手の顔の部分に一番近くになりがちな部位だからです。また、立っていても、座っていても、相手との距離感を判断するとき、目の前に相手の顔や頭が位置することが多いからです。顔は、侵入する側の部位であると同時に、最も侵入されやすい部位でもあります。

相手をイライラさせないために

目や鼻や口などの感覚器官の集中してる顔の前で手を頻繁に動かされると、人はイライラしたり、緊張したりします。頭の側面であっても、耳の近くに顔や手を寄せられると、同様の感覚を生み出します。

プライベートエリアの働きは、「将来的に起こる可能性についての防御」がその一つです。ということを考えれば、動く方向へのプライベートエリアが大きくなります。手に関していえば、手のひらの側が大きく、手の甲の側は小さくなっています。たとえば、同じ距離でも、二人の手のひらが向かい合っているほうが甲が向かい合っているときよりも、手が動く（摑《つか》まれる）可能性を想像して、緊張しやすくなります。

何かの大きさを手で示したり、方向を示すなどのゼスチャーをする場合は、相手の顔の高さより低く示したほうが不快感は少なくなります。近い距離でゼスチャーを交えてコミュニケーションをとるときは、サインを自分の身体の斜め横で示したり、相手の斜《はす》向かいに立つといいでしょう。相手の身体に手を近づけるときは、できるだけ、手のひらを相手の上体、とくに顔に向けることを避けます。ちょっと待ってもらったり、静止を示す一時停止のサインは手のひらを相手の足元に向けても伝わります。

視力補正をしている人は、コンタクトや眼鏡を自分の視力にピッタリのものに常に調整して、必要以上に相手に近い距離で顔を向けないようにします。そういった、視力に依存する距離感覚は習慣として定着してしまうことが多く、時間が経つと自分では気がつかなくなります。

異性間のプライベートエリア

女性にとって男性、男性にとって女性、といった異性間では、プライベートエリアは異なります。具体的には、相手に触れたくない場所に手などを少しでも近づけられることを嫌いますし、それを示唆するゼスチャーでさえも嫌悪する人も多くいます。同性であればとくに不安を感じないプライベートエリアも、異性であれば、不安や不快を感じます。

もし、相手が親密な関係にない異性なら、同性とコミュニケーションをとる場合より、やや広めにプライベートエリアを確保します。手を使ったゼスチャーをするときは、相手に差し出しすぎないようにします。

相手のゼスチャーが気になって、話に集中できないということがあります。もし、半歩だけ下がってコミュニケーションをとったとしても、意思の疎通という意味においては効果が半減することはありません。逆に余計なことに気持ちがとらわれないぶん、スムーズなコミュニケーションがとれるようになるはずです。

人と会うのが楽しくなる!

知ることのメリット

「Hanako」(マガジンハウス社)という女性誌で人生相談のページを担当していたとき、寄せられてくる悩みの多様さに驚かされました。相談内容は、恋愛も含めた対人関係の悩みがほとんどを占めました。自分が周囲に正当に評価されない不遇さに悩んだり、同僚や上司とどう付き合っていったらいいのかわからない……などです。

私は会社勤めをしたことがないので、最初は、そんな相談にのることに自信がありませんでした。しかし、寄せられる悩みの多くに、私がマジシャンとして感じ、悩んだことと共通点を見い出すことができました。私も同じように、観客やクライアント、同業者とどのように付き合ったらいいのかを常に模索していたからです。

人と付き合うことの悩みはさまざまです。シャイであること、対人関係にコンプレックスを抱いていることや環境によるもの、自分の過去の経験にとらわれてしまうことなど、ケースは人それぞれでしょう。しかし、そんなときこそ相手との距離感を調整すると解決することがあります。

プライベートエリアという概念を知るメリットは、物事の対処の仕方がわかることです。細菌などの微生物の発見が、手洗いや消毒を普及させて感染症などを防いだことと似ているかもしれません。

もちろん、パスツールが微生物の存在を発見したように、私がプライベートエリアの概念を発見した、と大仰なことというつもりは毛頭ありません。もしかしたら、プライベートエリアの、その存在さえも幻想かもしれません。しかし幻想であっても、時には何かの役に立つこともあります。

見えないガラス

アメリカにあった古きよきマジック学校、「Chavez Studio of Magic（チャベツ・

スタジオ・オブ・マジック)」では、こんなふうにマジックの演技の方法を生徒に教えていました。

「マジシャンと観客の間には、窓ガラスのような見えないガラスがあって、トランプを示すにしても、出現したレモンを示すにしても、一度そのガラスに押し付けるようにすること。そうすれば観客は、次々と起こるマジックの現象においていかれることなく、常に何が起きたのかをハッキリ理解する。マジシャンの演技はそうあるべきだ」

この方法は唯一の表現法ではありませんが、とても理解しやすく、また優れています。そのことを知っているマジシャンと知らないマジシャンの演技の違いは明らかでしょう。「見えないガラス」は実際に存在しているわけではありません。マジシャンの心の中にガイドラインとして存在しているにすぎません。

プライベートエリアについても同じことがいえます。相手との距離の保ち方は、自我に近い無意識な領域での問題ともいえるので、その解決法は少しやっかいです。しかし、そういうものが存在するということを知ることが、問題解決や、相手とさらに親しくなるための第一歩になるはずです。

マジシャンという仕事をはじめたとき、トリックを学ぶことの大切さはなんとなくわかっていました。しかし観客に対してどのように振る舞うかが、同じくらい重要であることに気づくのは、しばらくしてからのことでした。残念ながら、マジックの解説本にはトリックは詳しく書かれていますが、表現方法について詳細に触れられることは多くはありません。

それは人間関係と似ています。マジシャンがトリックを学ぶのと同じように、日常生活において、誰かを好きになったり嫌いになったりすることは、そんなに複雑なことではありません。

人が悩むのは、その対象とどのように向き合うかの具体的な方法です。必要なのは、マジシャンが心に置いている「見えないガラス」のような存在です。

フィールドワーク

「知ること」だけでは、万能ではありません。電車に乗ったとき、オフィスで、街にショッピングに行ったとき、自分やほかの人のプライベートエリアを少し観察してみてください。

本書に登場する難解な言い回しであっても、実際に観察したり、行動してみれば意外にシンプルなことに気がつくかもしれません。そして外出することや人と会うことが、ずっと楽しくなるはずです。身体の使い方のルールを知り、それを繰り返してその効果を知ると、動きが洗練され、自信や存在感が生まれるという嬉しい副作用があります。

子供の情操教育としてのバレエや日本舞踊や武道、嫁入り修業といわれた、茶道や礼法が所作を美しくするのは、そこに型やルールが存在するからです。そして、それぞれのルールや型には理由があって、時代とともに洗練されてきました。何度も繰り返して習得し、その本質を見極め自分のものにする必要があるのは事実です。

プライベートエリアも同じです。しかしそれを身につける過程は、けっして辛く険しい道ではありません。

それは、言葉を覚えはじめた子供が、自分の知っている文字を手がかりに色々な単語を読んでいく喜びに似ています。一つの手がかりを知ることによって、次の答えを発見して、それが繰り返される。その単語の意味をはじめて理解した瞬間の喜びは格別です。成長することが心地よい感覚をともなっていることを、人は忘れてしまいがちです。

本書で説明していることは、人間関係についての「ガイドライン」といえるかもしれません。「ガイド＝案内、目印」となる「ライン＝線」と考えれば、まさにプライベートエリアについての表現にピッタリです。

誰かと険悪な関係になったとき、その関係を遮断してしまうのは簡単なことです。しかし、簡単なことが最善とは限りません。相手と気まずくなる前に一五センチ（ときには半歩）の距離を修正するだけでも、気分が落ち着くこともあります。状況を客観的に判断することができ、相手と自分がそんなに違わないことに気がつくかもしれません。

本書で解説したことを知識としてだけでなく、ぜひフィールドワークとして試してみて下さい。基本的なガイドラインを身につけたら、自分なりのプライベートエリアに調整してみることも必要です。

それは、自分の身体だけに仕立てられた上質なオートクチュールに袖を通したような爽快さを感じさせることでしょう。

【著者紹介】

前田知洋（まえだ・ともひろ）

◉——1988年、米国アカデミー・オブ・マジカル・アーツのオーディションに合格。ハリウッドのマジック・キャッスルなどに出演。帰国後、日本で初めてのクロースアップ・マジシャンとして活躍し、近い距離で見せる「クロースアップ・マジック」のブームをつくる。

◉——ラスベガス、ハリウッド、イギリス、スペイン、ドイツなど海外にも招聘され、2005年にはチャールズ皇太子もメンバーである英国マジック・サークルの100周年記念祭特別ゲストに。同会の最高位であるゴールドスターメンバーを授与される。

◉——マジックのみならず、距離感、動作、会話など、すべてを含めてステージを完成させる。その洗練された身のこなしで、多くのファンを魅了している。

知的《ちてき》な距離感《きょりかん》　〈検印廃止〉

2007年8月8日　第1刷発行
2007年9月18日　第3刷発行

著　者——前田知洋©
発行者——境　健一郎
発行所——株式会社かんき出版
東京都千代田区麹町4-1-4西脇ビル　〒102-0083
電話　営業部：03(3262)8011㈹　総務部：03(3262)8015㈹
編集部：03(3262)8012㈹　教育事業部：03(3262)8014㈹
FAX　03(3234)4421　振替　00100-2-62304
http://www.kankidirect.com/

印刷所——ベクトル印刷株式会社

ISBN978-4-7612-6454-3 C0034

Tomohiro MAEDA